NORTHWOOD COLLEGE FOR GIRLS

Maxwell Road, Northwood, Middlesex HA6 2YE

This book is lent to:

Name	Form	Year
Rhea Manek	9CMT	2018
Iman Jaafri	9Sba	2019/20
Faheema Zawahir	9ATO	2020/21
Riya Ranjan	9FHA	2021
Iyla Shah	9CJA	2022
		20

AQA GCSE Spanish
Foundation

Rachel Hawkes, Christopher Lillington

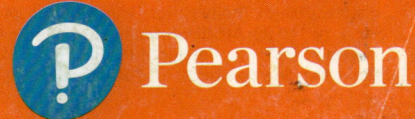

Published by Pearson Education Limited, 80 Strand, London, WC2R 0RL.

www.pearsonschoolsandfecolleges.co.uk

Text © Pearson Education Limited, 2016

Written by Rachel Hawkes and Christopher Lillington
Additional material written by Leanda Reeves

Designed and typeset by Tek-Art, West Sussex.

Illustrated by: Tek-Art, West Sussex, Oxford Designers & Illustrators Ltd., KJA Artists (Mark, Andy, Neale), Beehive Illustration (Alan Rowe, Peter Lubach, Esther Pérez-Cuadrado) and John Hallett.

First published 2016

19 18 17
10 9 8 7 6 5 4 3

British Library Cataloguing in Publication Data
A catalogue record for this book is available from the British Library

ISBN 9781292118956

All rights reserved. No part of this publication may be reproduced in any form or by any means (including photocopying or storing it in any medium by electronic means and whether or not transiently or incidentally to some other use of this publication) without the written permission of the copyright owner, except in accordance with the provisions of the Copyright, Designs and Patents Act 1988 or under the terms of a licence issued by the Copyright Licensing Agency, Saffron House, 6–10 Kirby Street, London EC1N 8TS (www.cla.co.uk). Applications for the copyright owner's written permission should be addressed to the publisher.

Printed in Slovakia by Neografia

Acknowledgements

We would like to thank Christopher Lillington, Rachel Hawkes, Leanda Reeves, Teresa Martínez-Arteaga, Samantha Alzuria, Marina Barrull, Clive Bell, Gillian Eades, Nicola Lester, Ruth Manteca, Clare Dobson and Melissa Wilson for their invaluable help in the development and trialling of this course. We would also like to thank María José Sierras Jimeno and the Colegio M. Mª Rosa Molas in Zaragoza, Spain.

The authors and publisher would like to thank the following individuals and organisations for permission to reproduce photographs:

(Key: b-bottom; c-centre; l-left; r-right; t-top)

123RF.com: 123RF.com 79 (b), 10 (i), 186 (a), anatols 6 (b), Andrey Tsidvintsev 137 (a), Anton Gvozdikov 71 (b), auremar 6 (a), Cathy Yeulet 32 (c), darios 94 (c), Deborah Kolb 27 (a), Dmitrijs Gerciks 10 (p), Fabio Lamanna 143 (a), fiphoto 94 (a), 98 (c), joserpizzaro 98 (f), rosipro 138 (a), Tam Freed 172, villorejo99 94 (d), Wavebreakmedia Ltd 192 (a); **© 2016 Maraworld :** 122 (b); **Alamy Images:** ableimages 205, age fotostock 97, 116 (b), 195 (a), Agencja Fotograficzna Caro 31 (b), 32 (e), 36 (c), Alibi Productions 10 (e), Angela Hampton Picture Library 32 (d), Ashley Cooper 152 (a), 194, Azk Waters 92 (b), Bailey Cooper Photography 72 (f), Bill Cheyrou 56 (5), Blend Images 134 (b), 169, Brownstock 98 (k), Cal Vornberger 20, Chris Mattison 13 (d), Chris Rout 97 (b), 197 (b), Christian Bertrand 123, Christopher Scott 146, Colin Underhill 187 (b), Con O'Donoghue 197 (e), Cultura Creative 93 (a), Cultura Creative (RF) 207, Cultura Creative RF 30, Daniel Dempster 134 (a), David Brabiner 144, Denkou Images 126, Denys Bilytskyi 197 (a), epa european pressphoto agency b.v. 78 (4), 85, epa european pressphoto agency b.v. 78 (4), 85, Eric Nathan 22, Faiz Balabil 166, Finnbar Webster 12 (a), Francisco Javier Fernandez Bordonarda 10 (k), Geraint Lewis 106, Gianni Muratore 156 (c), GoGo Images Corporation 176 (b), Greg Balfour 138 (f), Greg Balfour Evans 18, Hero Images 32 (h), Hollywood Headshots 179, Iain Sharp 104, Ian Dagnall 35 (b), 99 (b), Image Source 82, 135 (b), Images and Stories 192 (d), Iryna Shpulak 158 (b), Jack Sullivan 90 (c), jacky chapman 186 (b), Jean Schweitzer 29, JLImages 51 (b), Johner Images 72 (a), Juice Images 157, 196 (a), Julia Gavin 31 (a), Julie Woodhouse 92 (c), Ken Walsh 77 (b), 90 (e), 98 (g), Kim Karpeles 102 (a), Kumar Sriskandan 162 (d), 163 (a), Lawrence Rigby Latin Stock 100 (b), Marc Soler 158 (d), Maria Galen 195 (d), MBI 72 (h), 98 (i), Nick Lylak 36 (b), pa european pressphoto agency b.v 116 (a), Paul Matzner 156 (e), Peter Titmuss 173, philipus 34 (f), Prisma Bildagentur AG 129, Robert Harding World Imagery 116 (c), robertharding 99 (a), Rolf Richardson 14, RosaBetancourt 0 people images 176 (a), Sergio Azenha 12 (b), Simon Reddy 13 (c), Speedpix 162 (a), Sppedpix 90 (a), Steve Davey 113, STOCKFOLIO® 17 (b), Ted Foxx 72 (e), Tetra Images 178, 199, Tim Graham 168 (a), ton koene 140 (a), Travel Pictures 100 (d), Trinity Mirror / Mirrorpix 107, YAY Media AS 91 (c), zixia 78 (3), Zuma Press Inc 140 (b); **Art Directors and TRIP Photo Library:** Franz Fernandez 91 (a), Helene Rogers 91 (b), 91 (f); **Colegio M.M.Rosa Molas:** 34 (c), 34 (d), 34 (e), 34 (h); **Complejo Deportivo San Benito:** 94 (e); **Fotolia.com:** 135Pixels 195 (b), Adwo 217, alain wacquier 110 (h), Aleksandar Todorovic 95 (b), AlenKadr 27 (b), amorphoto.net 34 (g), Andres Rodriguesz 132 (b), asikkk 10 (b), atomfotolia 10 (n), beataaldridge 100 (b), belahoche 62, BillionPhotos.com 110 (c), Brad Pict 93 (d), canovass 110 (g), Christian Schwier 177, corepics 31 (g), Darren Baker 98 (j), diego cervo 6 (c), efired 10 (m), eurobanks 192 (c), fotos593 76 (a), Galina Barskaya 6 (e), GalinaSt 190, Gelia 10 (l), gemenacom 90 (d), goodluz 98 (d), grafikplusfoto 203, Halfpoint 125, HurricaneHank 163 (c), Igor Mojzes 132 (e), Iozochka 197 (d), Jacek Chabraszewski 209, Javier Castro 53, JJAVA 156 (b), jkraft5 221, Joanna wnuk 35 (a), jolopes 6 (d), Jose Hernaiz 180, Kablonk Micro 56 (4), kegfire 98 (l), kitzcorner 110 (e), Konstantin Kulikov 187 (a), Leonid Andronov 90 (b), lldi 115 (a), LuckyImages 8 (c), Maksym Gorpenyuk 101 (a), markos86 174, Eugenio Marongiu 52 (a), Martinan 6 (h), mavoimages 192 (b), Max Topchii 8 (a), Maygutyak 10 (h), Mila Supynska 185 (c), Monkey Business 56 (3), Monkey Business Images 10 (f), Morenovel 162 (c), MStudio 110 (a), Nebojsa Bobic 98 (a), Nina Nagovitsina 94 (b), Nobilior 35 (c), Olaf Speier 110 (l), papa 75 (1), Photographee.eu 164, pololia 61, Sergey Nivens 72 (g), Syda Productions 6 (g), 57, sylv1rob1 58, Terrylesswhite 197 (c), Theirry Ryo 10 (o), tonda55 55 (b), Travelbook 219, uzkiland 16 (a), ViewApart 51, Viktor 110 (d), Vladislav Gajic 10 (j), WavebreakmediaMicro 69 (b), xalanx 137 (b), Yuri Timofeyev 7 (a); **Getty Images:** 156 (d), AFP 132 (c), Alfredo Maiquez 16 (b), altrendo images 40, ANDER GILLENEA / AFP 72 (b), Bloomberg 120 (b), C Flanigan 71 (a), Camilla Watson 156 (g), CBS Photo Archive 75 (2), ChinaFotoPress 78 (2), Dave M Bennet 69 (a), David Young-Wolff 149, Dennis Doyle 193, FanXiaNuo 196 (b), Fuse 76 (a), Gaelle Beri 122 (a), Hill Street Studios 37 (a), Hubert Stadler 152 (b), Ingolf Pompe / Look Foto 12 (b), Inti St Clair 72 (c), j2r 152 (c), JTB Photo 93 (c), Katarnina Wittkamp 32 (a), Malinalli Garcia / CON / Contributor 117 (b), Michael Tran 49, Michele Falzone 100 (c), Naki Kouyioumtzis 17 (c), Nigel Waldren 79 (a), Peter Norton - The FA 163 (d), Rubberball / Mike Kemp 32 (i), Score / Aflo 36 (a), Sergei Supkinsky 138 (e), Shane Hansen 72 (d), skynesher 81, Stockbyte 162 (b), tap10 213, Tino Soriano 117 (a), Trevor Williams 8 (b), Zero Creatives 55 (a); **Ira de Reuver/Photographers Direct:** Ira de Reuver 115 (b); **© Juma, 2011:** 119; **Pascal Saez:** 156 (h); **Pearson Education Ltd:** Studio 8 95 (a), 96 (a), 96 (b), 96 (c), 96 (d), 96 (e), 96 (f), Gareth Boden 10 (g), 135 (a), Handan Erek 42, Jon Barlow 159, Jules Selmes 38, 98 (b), 124 (a), 124 (b), 139, MindStudio 39, Rafael Trubisz, Marcin Rosnski. Pearson Central Europe SP. Z.O.O. 32 (g), Sozaijiten 110 (f); **Peter Menzel/menzelphoto.com:** Peter Menzel 114; **PhotoDisc:** Kevin Sanchez, Cole Publishing Group 110 (k); **Rex Shutterstock:** Matt Baron 78 (1); **Sergio Santana:** 34 (a); **Shutterstock.com:** 160822337 92 (a), 571906 158 (c), 8127 55 (c), Andresr 185 (b), 196 (c), Arieliona 6 (f), Bananastock 32 (b), bikeriderlondon 60, Blend Images 153, Chris Pole 10 (c), Christian Vinces 100 (e), Dainis Derics 158 (e), Darren Baker 77 (a), David Pereiras 56 (2), David Sprott 98 (h), David W Leindecker 156 (a), DenisNata 7 (b), Dieter H. 100 (g), Elzbieta Sekowska 13 (b), everdaysunshine 110 (j), Fotokostic 73, Gordon Swanson 118, holbox 132 (a), iko 185 (a), Ivan Cuzmin 93 (b), J Fox Photography 143 (b), JeniFoto 10 (d), LD Productions 163 (b), leungchopan 138 (d), macro meyer 110 (b), mangostock 140 (c), Martin Good 67 (a), michaeljung 43, 138 (b), 160 (d), Mikadun 94 (f), 156 (f), Mikadun 94 (f), 156 (f), Minerva Studio 32 (f), MJTH 160 (c), Monkey Buisness Images 31 (d), Monkey Business 47, Monkey Business Images 50, 168, 191, 211, paol_ok 120 (c), Paul Brighton 195 (c), Poznyakov 31 (c), Pressmaster 31 (e), PT Images 138 (c), Quality Master 91 (d), Rob Bayer 56 (1), Robert Wolkaniec 91 (e), SandiMako 128, sanupot 160 (b), savageultralight 56 (6), Signature Message 158 (f), slava296 13 (a), Stocklite 145, Subbotina Anna 110 (i), Tatiana Popova 103, Tetra Images 160 (a), Timothy Epp 100 (a), tommaso79 17 (a), Tracy Whiteside 34 (a), 37 (b), Tyler Olson 27 (c), u20 132 (d), Vaclav P3k 23, vichie81 120 (a), Victor Torres 67 (b), Wavebreakmedia 31 (f), WDG Photo 10 (a); **www.imagesource.com:** Moodboard 76 (b)

Cover images: Front: Shutterstock.com: David Pereiras

All other images © Pearson Education

Every effort has been made to contact copyright holders of material reproduced in this book. Any omissions will be rectified in subsequent printings if notice is given to the publishers. We are grateful to the following organisations for permission to reproduce copyright material:

©Grupo 20minutos S.L., ©Creative Commons p9; ©Julia Montenegro p19; ©Edebé (Mallorquí, C 2003) p58; ©Academia de las Artes y las Ciencias Cinematográficas de España p69; ©INJUVE – Instituto de la Juventud p70; ©Laura Gallego 2010 p80; ©Grupo Anaya SA (Alcolea, A 2007) p103; ©Sandra Bruna Agencia Literaria SL (Palomas, A 2014) p119; ©Maraworld p128; ©Blodestudio S.L p133; ©Gurman Agency LLC (Galcerán, J 2003) p145; ©Roca Editorial (Cervera, L 2011) p175; ©Grupo 20minutos S.L., ©Creative Commons p193; ©Salud180 p196

Websites

Pearson Education Limited is not responsible for the content of any external internet sites. It is essential for tutors to preview each website before using it in class so as to ensure that the URL is still accurate, relevant and appropriate. We suggest that tutors bookmark useful websites and consider enabling students to access them through the school/college intranet.

Contenidos

Módulo 1 ¡Desconéctate! Theme 2: Local, national, international and global areas of interest

Punto de partida 6
- Discussing holidays activities and weather
- Revising the present tense of regular verbs

Unidad 1 ¿Cómo prefieres pasar las vacaciones? 8
- Talking about holiday preferences
- Revising the present tense of irregular verbs
- Using verbs of opinion to refer to different people

Unidad 2 ¿Adónde fuiste? 10
- Talking about a past holiday
- Using the preterite tense
- Writing a longer text

Unidad 3 ¡Destino Barcelona! 12
- Describing a trip to Barcelona
- Using two past tenses
- Giving opinions in the past

Unidad 4 Quisiera reservar … 14
- Booking accommodation and dealing with problems
- Using verbs with *usted*
- Understanding higher numbers

Unidad 5 Mis vacaciones desastrosas 16
- Giving an account of a holiday in the past
- Using three tenses together
- Identifying positive and negative opinions

Leer y escuchar 18
Prueba oral 20
Prueba escrita 22
Palabras 24

Módulo 2 Mi vida en el insti Theme 3: Current and future study and employment

Punto de partida 1 26
- Giving opinions about school subjects
- Describing subjects and teachers

Punto de partida 2 28
- Describing school uniform and the school day
- Using adjectives

Unidad 1 ¡Mi nuevo insti! 30
- Describing your school
- Using negatives
- Distinguishing between the present and the imperfect

Unidad 2 ¡Está prohibido! 32
- Talking about school rules and problems
- Using phrases followed by the infinitive
- Tackling harder listening exercises

Unidad 3 ¡Destino Zaragoza! 34
- Talking about plans for a school exchange
- Using the near future tense
- Asking and answering questions

Unidad 4 Mis clubs y mis éxitos 36
- Talking about activities and achievements
- Understanding object pronouns
- Using three tenses together

Leer y escuchar 38
Prueba oral 40
Prueba escrita 42
Palabras 44

Módulo 3 Mi gente Theme 1: Identity and culture

Punto de partida 1 46
- Talking about socialising and family
- Using verbs in the present tense

Punto de partida 2 48
- Describing people
- Using adjectival agreement

Unidad 1 Mis aplicaciones favoritas 50
- Talking about social networks
- Using *para* with infinitives
- Extending responses by referring to others

Unidad 2 ¿Qué estás haciendo? 52
- Making arrangements
- Using the present continuous
- Improvising dialogues

Unidad 3 Leer es un placer 54
- Talking about reading preferences
- Using a range of connectives
- Recognising similar ideas expressed differently

Unidad 4 Retratos y relaciones 56
- Describing relationships
- Using *ser* and *estar*
- Understanding more detailed descriptions

Leer y escuchar 58
Prueba oral 60
Prueba escrita 62
Palabras 64

tres 3

Contenidos

Módulo 4 Intereses e influencias *Theme 1: Identity and culture*

Punto de partida 1 66
- Talking about free-time activities
- Using stem-changing verbs

Punto de partida 2 68
- Talking about TV programmes and films
- Using adjectives of nationality

Unidad 1 ¿Qué sueles hacer? 70
- Talking about what you usually do
- Using *suelo* + infinitive
- Looking at context to identify missing words

Unidad 2 ¡Fanático del deporte! 72
- Talking about sports
- Using the imperfect tense to say what you used to do
- Listening for different tenses

Unidad 3 #Temas del momento 74
- Talking about what's trending
- Using the perfect tense
- Listening for clues

Unidad 4 En directo 76
- Discussing different types of entertainment
- Using *algunos / otros / muchos / demasiados*
- Agreeing and disagreeing

Unidad 5 Modelos a seguir 78
- Talking about who inspires you
- Using the 'he/she' form of the perfect tense
- Translating a text into English

Leer y escuchar 80
Prueba oral 82
Prueba escrita 84
Palabras 86

Módulo 5 Ciudades *Theme 2: Local, national, international and global areas of interest*

Punto de partida 1 88
- Talking about places in a town or city
- Asking for and understanding directions

Punto de partida 2 90
- Talking about shops
- Shopping for souvenirs

Unidad 1 ¿Cómo es tu zona? 92
- Describing the features of a region
- Using *se puede* and *se pueden*
- Asking and responding to questions

Unidad 2 ¿Qué harás mañana? 94
- Planning what to do
- Using the future tense
- Using exclamations

Unidad 3 De compras 96
- Shopping for clothes and presents
- Using demonstrative adjectives
- Explaining preferences

Unidad 4 Los pros y los contras de la ciudad ... 98
- Talking about problems in a town
- Using *tan* and *tanto*
- Using antonyms

Unidad 5 ¡Destino Arequipa! 100
- Describing a visit in the past
- Using different tenses together
- Extending spoken answers

Leer y escuchar 102
Prueba oral 104
Prueba escrita 106
Palabras 108

Módulo 6 De costumbre *Theme 1: Identity and culture*

Punto de partida 1 110
- Describing mealtimes
- Talking about daily routine

Punto de partida 2 112
- Talking about illnesses and injuries
- Asking for help at the pharmacy

Unidad 1 Dietas del mundo 114
- Talking about typical foods
- Using *me gusta / me gustaría*
- Using quantity expressions

Unidad 2 ¡De fiesta! 116
- Comparing different festivals
- Using verbs in the 'we' and 'they' form
- Working out the meaning of new words

Unidad 3 Un día especial 118
- Describing a special day
- Using reflexive verbs in the preterite
- Inferring meaning in a literary text

Unidad 4 ¡A comer! 120
- Ordering in a restaurant
- Using *estar* to describe a temporary state
- Understanding adjectives ending in *-ísimo*

Unidad 5 El festival de música 122
- Talking about a music festival
- Saying 'before' / 'after' (doing)
- Using *acabar de* + infinitive

Leer y escuchar 124
Prueba oral 126
Prueba escrita 128
Palabras 130

cuatro

Contenidos

Módulo 7 ¡A currar! Theme 3: Current and future study and employment

Punto de partida 132
- Talking about different jobs
- Discussing job preferences

Unidad 1 ¿Qué haces para ganar dinero? 134
- Talking about how you earn money
- Using verbs followed by the infinitive
- Words with more than one meaning

Unidad 2 Mis prácticas laborales 136
- Talking about work experience
- Using the preterite and imperfect together
- Extending your answers when speaking

Unidad 3 ¿Por qué aprender idiomas? 138
- Talking about languages and travel
- Using *lo* + adjective
- Using the 24-hour clock

Unidad 4 Solicitando un trabajo 140
- Applying for a summer job
- Revising the perfect tense
- Writing a formal letter

Unidad 5 El futuro 142
- Discussing plans for the future
- Using different ways to express future plans
- Using 'if' clauses

Leer y escuchar 144
Prueba oral 146
Prueba escrita 148
Palabras 150

Módulo 8 Hacia un mundo mejor Theme 2: Local, national, international and global areas of interest

Punto de partida 1 152
- Describing types of houses
- Talking about the environment

Punto de partida 2 154
- Talking about healthy eating
- Discussing diet-related problems

Unidad 1 ¡Piensa globalmente…! 156
- Considering global issues
- Using the superlative
- Listening for high numbers

Unidad 2 ¡Actúa localmente! 158
- Talking about local actions
- Using *se debería*
- Using synonyms

Unidad 3 ¡Vivir a tope! 160
- Discussing healthy lifestyles
- Understanding different tenses
- Giving extended reasons

Unidad 4 ¡El deporte nos une! 162
- Talking about international sporting events
- Using verbs in the third person plural
- Understanding equivalent expressions

Leer y escuchar 164
Prueba oral 166
Prueba escrita 168
Palabras 170

¡A repasar!

Módulo 1 ¡Desconéctate! 172
Módulo 2 Mi vida en el insti 174
Módulo 3 Mi gente 176
Módulo 4 Intereses e influencias 178
Módulo 5 Ciudades 180
Módulo 6 De costumbre 182
Módulo 7 ¡A currar! 184
Módulo 8 Hacia un mundo mejor 186
General Conversation Questions 188

Te toca a ti 190
Gramática 198
Verb Tables 222

cinco 5

1 ¡Desconéctate!
Punto de partida

- Discussing holiday activities and weather
- Revising the present tense of regular verbs

1 Escucha y escribe las <u>dos</u> letras correctas. (1–5)

Ejemplo: **1** g, a

¿Qué haces en verano?

a **Monto** a caballo.

b **Juego** a los videojuegos.

c **Veo** la tele.

d **Escucho** música.

e **Hago** deporte.

f **Toco** la guitarra.

g **Salgo** con mis amigos.

h **Voy** al parque.

2 Escucha otra vez. Indica la actividad que hace cada persona <u>más</u> frecuentemente. (1–5)

Ejemplo: **1** g, a

← nunca | casi nunca | a veces | una vez a la semana | a menudo | todos los días →

3 Con tu compañero/a, haz diálogos. Utiliza las palabras del recuadro y el verbo correcto del ejercicio 1.

- ¿Qué haces en verano?
- *Todos los días* **monto** *en bici, pero casi nunca* **juego**…

a la playa
al baloncesto
un partido de fútbol
en bici
la radio
con mi hermano/a
los deberes
el piano

G Regular verbs in the present tense › Page **198**

Remember how the **present tense** works:

	regular		
	nad**ar** (to swim)	le**er** (to read)	viv**ir** (to live)
(yo)	nad**o**	le**o**	viv**o**
(tú)	nad**as**	le**es**	viv**es**
(él/ella/usted)	nad**a**	le**e**	viv**e**
(nosotros/as)	nad**amos**	le**emos**	viv**imos**
(vosotros/as)	nad**áis**	le**éis**	viv**ís**
(ellos/ellas/ustedes)	nad**an**	le**en**	viv**en**

Some verbs change their stem: **ju**e**go** (*jugar* – to play)

Some verbs are irregular: **voy** (*ir* – to go), **hago** (*hacer* – to do/make), **salgo** (*salir* – to go out), **veo** (*ver* – to see/watch)

seis

Módulo 1

4 Escucha y lee el texto. Copia y completa la tabla.

activity	when
surfs the Internet	normally

En verano normalmente navego por Internet, pero casi nunca leo libros. ¡Qué aburrido! Cuando hace buen tiempo, monto en bici porque me encanta. Cuando hace mucho calor, juego al voleibol en la playa. Sin embargo, cuando hace frío, mis amigos y yo escuchamos música o comemos pizza en casa. A veces también vamos a un campamento de verano. Creo que es muy divertido porque siempre hacemos muchas actividades diferentes allí.

Jorge

| siempre | always |
| allí | there |

Cuando	hace buen tiempo…
	hace mal tiempo…
	hace calor…
	hace frío…
	hace sol…
	hace viento…
	llueve…
	nieva…

5 Lee el texto otra vez. Apunta los datos.
- four verbs in the 'I' form
- four verbs in the 'we' form

Ejemplo: navego = I surf, …

6 Escucha a Iker. Completa las frases.
1 When it's sunny he ———.
2 When it's ——— he plays the guitar.
3 When it's cold he ———.
4 When it's ——— or ——— he doesn't go out.
5 In summer it never ———.

Zona Cultura
Cada año muchos jóvenes en España y Latinoamérica pasan quince días, o más, en un **campamento de verano**, donde participan en actividades educativas, deportivas y recreativas.

7 Escribe un texto. Utiliza el texto del ejercicio 4 como modelo.
Include:
- Expressions of frequency (*A menudo…*)
- Weather phrases (*Cuando hace calor, …*)
- Some verbs in the 'we' form (*vamos, …*)
- Opinion phrases (*Es aburrido, ¡Qué divertido!*)

En verano siempre voy…
También…
Cuando hace…, juego…

⭐ In exercise 4 Jorge uses lots of **connectives**. Find the following words in his text and try to use them to extend your sentences.

| and | or | but |
| however | also | when |

siete 7

1 ¿Cómo prefieres pasar las vacaciones?

- Talking about holiday preferences
- Revising the present tense of irregular verbs
- Using verbs of opinion to refer to different people

1 Escucha y lee. Completa los textos con las palabras del recuadro.

¿Qué haces en verano?

Vivo en Cádiz, en el sur de España. En verano tengo once semanas de vacaciones. ¡Qué suerte! Todos los días **1** ———— a la playa, donde juego al voleibol. ¡**2** ———— una fanática de la playa, ya que vivo en la costa! También hago kárate.
Florencia

En Mendoza, en el oeste de Argentina, **3** ———— las vacaciones de verano en enero y febrero. Siempre compro un montón de libros y revistas, dado que **4** ———— más tiempo libre. A veces voy al centro comercial.
Ana

| soy | voy | tengo |
| somos | vamos | tenemos |

Vivo en Veracruz, en el este de México. En verano nado en el mar y hago submarinismo. Mi hermana y yo **5** ———— adictos al cine y **6** ———— dos o tres veces a la semana.
Héctor

dado que / ya que — since / given that

Can you work out the pronunciation of these words?
norte
oeste   este
sur

2 Lee los textos otra vez. Escribe el nombre correcto.

Ejemplo: **1** Héctor

1. Me gusta hacer deportes acuáticos.
2. Me gusta mucho tomar el sol.
3. Me encanta ir de compras.
4. Me encanta leer.
5. Me mola hacer artes marciales.
6. Me chifla ver películas.

G Irregular verbs in the present tense ▶ Page 200

These key verbs are irregular in the **present tense** (i.e. they don't follow the normal pattern).

	ser (to be)	**tener** (to have)	**ir** (to go)
(yo)	soy	tengo	voy
(tú)	eres	tienes	vas
(él/ella/usted)	es	tiene	va
(nosotros/as)	somos	tenemos	vamos
(vosotros/as)	sois	tenéis	vais
(ellos/ellas/ustedes)	son	tienen	van

3 Escucha. Copia y completa la tabla. (1–6)

	likes	activity / frequency
1	doing martial arts	judo – every day

Prefiero	hacer	deportes acuáticos / artes marciales
Me gusta		
Me chifla	ir	de compras / al parque / a la playa
Me encanta		
Me mola	ver	películas
No me gusta	estar	al aire libre
Odio	usar	el ordenador

4 Imagina que hablas con un(a) chico/a español(a). Con tu compañero/a, haz diálogos.

- ¿Dónde vives?
- ¿Cuándo tienes vacaciones?
- ¿Qué te gusta hacer?
- ¿Qué actividades haces en verano?

■ Vivo en (Leeds) en (el norte) de (Inglaterra).
■ Tengo… semanas de vacaciones en…
■ Me chifla (ir de compras), pero no me gusta…
■ A menudo (voy)…

8 ocho

Módulo 1

5 Escucha a Luisa, Martín, Pau y Eva. Escribe las letras correctas.

Ejemplo: **Luisa** – *1a, 2…*

> The words in **purple** are all question words. What do they mean in English? Which other question words do you know?

Tus vacaciones ideales

1 ¿**Cuándo** prefieres ir de vacaciones?
Prefiero ir de vacaciones en…
  a primavera.
  b verano.
  c otoño.
  d invierno.

2 ¿**Adónde** te gusta ir de vacaciones?
Me gusta ir…
  a a la costa.
  b al campo.
  c a la montaña.
  d a la ciudad.

3 ¿**Dónde** prefieres alojarte?
Prefiero ir…
  a a un hotel.
  b a un camping.
  c a un apartamento.
  d a una casa rural.

4 ¿**Qué** te gusta hacer?
Me encanta…
  a ir de excursión.
  b hacer deporte.
  c leer.
  d ¡no hacer nada!

5 ¿**Por qué**?
Porque es…
  a divertido.
  b barato.
  c interesante.
  d relajante.

6 Haz una encuesta en clase. Utiliza las preguntas del ejercicio 5.
● ¿Cuándo prefieres ir de vacaciones?
■ *Prefiero…*

7 Lee el artículo. Apunta <u>seis</u> detalles en inglés.
Ejemplo: 17% prefer to go abroad

Los españoles prefieren las vacaciones... en España.

- Según una encuesta, el 83% de los españoles prefiere pasar las vacaciones en España y solo un 17% en el extranjero.
- La costa es el destino preferido (60%), comparado con el campo (17%), la montaña (14%) y la ciudad (9%).
- Alicante, Cádiz y Málaga son los tres destinos preferidos.

En términos de alojamiento, la opción preferida es ir a un hotel (33%). El 27% prefiere alquilar un apartamento o una casa rural, el 15% tiene una segunda residencia, y solo el 6% prefiere los campings.

según	according to
en el extranjero	abroad
el alojamiento	accommodation

8 Traduce las frases al español.
1 I prefer to spend the holidays abroad.
2 I love doing sport because it's fun.
3 I never go to the beach because I hate sunbathing. How boring!
4 My dad goes to the cinema often because he likes watching films.

G Verbs of opinion

The verbs *gustar*, *encantar*, *chiflar* and *molar* all work like this:
Me gusta bailar.   I like dancing.
Te gusta leer.   You (singular) like reading.
Le gusta comer.   He/She likes eating.

If you use a <u>noun</u> you need to add the word ***a***:
A <u>mi padre</u> **le** chifla cocinar.   My Dad loves cooking.

nueve

2 ¿Adónde fuiste?

- Talking about a past holiday
- Using the preterite tense
- Writing a longer text

1 Escucha y escribe las <u>cuatro</u> letras correctas para cada persona. (1–5)

Ejemplo: **1** d, g, …

¿Adónde fuiste de vacaciones?
Fui de vacaciones a…
a Francia. b Turquía. c Gales. d Italia.

¿Con quién fuiste?
Fui…
e con mi insti. f con mi familia. g con mi mejor amigo/a. h solo/a.

¿Cómo viajaste?
Viajé…
i en avión.  j en coche y en barco.  k en tren.  l en autocar. 

¿Qué hiciste?
m Hice turismo y saqué fotos.  n Compré recuerdos.  o Tomé el sol y descansé.  p Comí muchos helados. 

2 Con tu compañero/a, inventa diálogos. Utiliza las preguntas del ejercicio 1.

⭐ Some verbs have a spelling change in the 'I' form only:

jugar → ju**gu**é — I played
sacar → sa**qu**é — I took (photos)

G The preterite tense ▶ Page 202

Use the **preterite tense** to talk about completed actions in the past.

visit**ar** (to visit)	beb**er** (to drink)	sal**ir** (to leave / to go out)	irregular verbs
			ir (to go) **ser** (to be)
visit**é**	beb**í**	sal**í**	**fui**
visit**aste**	beb**iste**	sal**iste**	**fuiste**
visit**ó**	beb**ió**	sal**ió**	**fue**
visit**amos**	beb**imos**	sal**imos**	**fuimos**
visit**asteis**	beb**isteis**	sal**isteis**	**fuisteis**
visit**aron**	beb**ieron**	sal**ieron**	**fueron**

Other irregular verbs in the preterite include:

hacer (**hice** – I did / made) and **ver** (**vi** – I saw / watched).

diez

Módulo 1

3 Lee los textos y escribe el nombre correcto. Luego traduce el texto de Pedro al inglés.

El verano pasado fui de vacaciones a México. Fui con mis padres y mi hermana y fue flipante. Todos los días fuimos a la playa porque hizo mucho sol, excepto el martes, cuando llovió. Tomé el sol y descansé, pero no hice windsurf porque no hizo viento.
Marta

El año pasado fui de vacaciones a Francia, donde hice esquí en la montaña. Hizo frío porque nevó mucho. ¡Qué bien! También hice turismo, pero no saqué muchas fotos porque, en mi opinión, fue un poco aburrido. Sin embargo, compré muchos recuerdos para mis amigos.
Pedro

Who…
1 went shopping?
2 had sunny weather?
3 had rain?
4 went sightseeing?
5 thought their holiday was awesome?
6 went with their family?

¿Qué tiempo hizo?
Hizo… buen tiempo / mal tiempo
           calor / frío / sol / viento
Llovió / Nevó

4 Escucha. Copia y completa la tabla en inglés. (1–5)

	when	where	weather
1	e	Peru	cold

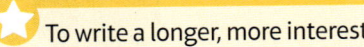
Alemania   Germany

¿Cuándo fuiste?
a Hace una semana   b Hace un mes   c El año pasado
d Hace dos meses   e Hace dos años f El verano pasado

5 Escribe un texto sobre estas vacaciones.

El año pasado fui a… Fui con… Fue…
Todos los días…
También…, pero no… porque…

⭐ To write a longer, more interesting piece of work:
- Use connectives such as **pero** (but), **sin embargo** (however), **también** (also) and **donde** (where).
- Say what you did not do (**No**…).
- Include opinion phrases such as **en mi opinión**.

6 Con tu compañero/a, haz diálogos sobre tus vacaciones.

● ¿Adónde fuiste de vacaciones?   ■ *Fui de vacaciones a…*
● ¿Cuándo fuiste?   ■ *Fui…*
● ¿Con quién fuiste?   ■ *Fui con…*
● ¿Cómo viajaste?   ■ *Viajé en…*
● ¿Qué tiempo hizo?   ■ *Hizo…, (excepto el martes cuando…)*
● ¿Qué hiciste?   ■ *… y… También…, pero no…*

once

3 ¡Destino Barcelona!

- Describing a trip to Barcelona
- Using two past tenses
- Giving opinions in the past

1 Escucha y apunta los datos. (1–6)

Ejemplo: **1** *Lo mejor, c, fue flipante*

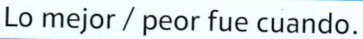
Lo mejor / peor fue cuando…

a vi un partido en el Camp Nou.

b aprendí a hacer vela.

c visité el Park Güell.

d perdí mi móvil.

e tuve un accidente en la playa.

f vomité en una montaña rusa.

Zona Cultura
Destino: BARCELONA
Ubicación: Noreste de España, en la costa
Población: 1,6 millones (2ª ciudad de España)
Famosa por: La arquitectura de Antoni Gaudí
El club de fútbol FC Barcelona ('el Barça')

⭐ Use a variety of ways to give opinions about the past:
Lo pasé… fenomenal
 bien
 mal
 fatal
Fue… inolvidable
 flipante
 horroroso
¡Qué… miedo!
 guay!
 desastre!

2 Lee el texto. Copia y completa las frases.

¡Explora Barcelona en Segway!
con Vamosensegway.com

- Una manera rápida y fácil de visitar la ciudad.
- Ideal para toda la familia.
- Visitas de dos o tres horas.

Port Vell

Las Ramblas

Recomiendo la visita
"Visité Barcelona en Segway con mi familia y lo pasé fenomenal.
Primero vimos los barcos en el puerto.
Luego visitamos el Museo Picasso. Fue muy interesante.
Después fuimos al Barrio Gótico. Fue guay.
Pero lo mejor fue cuando saqué fotos de la Sagrada Familia con mi nueva cámara más tarde.
Finalmente compré un helado en las Ramblas. ¡Qué rico!"
Enrique Casillas (15 años)

1 A Segway tour is a quick and…
2 Visits last…
3 First Enrique saw…
4 The Picasso Museum was…
5 The best thing was when…
6 He bought…

⭐ Look at how Enrique uses sequencers to structure his writing:
primero (first), ***luego*** (then), ***después*** (after), ***más tarde*** (later), ***finalmente*** (finally)
He also uses three verbs in the 'we' form. Can you spot them?

Módulo 1

3 hablar
Con tu compañero/a, haz diálogos sobre una visita a Barcelona. Inventa los detalles.

- ¿Cuándo visitaste Barcelona?
- ¿Qué hiciste?
- ¿Qué fue lo mejor de tu visita?
- ¿Y qué fue lo peor?

■ *Visité Barcelona (hace… años).*
■ *Primero (visité…). Fue (flipante). Luego…*
■ *Lo mejor fue cuando…*
■ *Lo peor fue…*

4 escuchar
Escucha y lee los textos. Escribe la letra correcta para cada persona. Sobra una foto.

¿Dónde te alojaste en Barcelona?

Me alojé en un camping. Era muy tranquilo y había mucho espacio. No era muy lujoso, pero era animado y tenía una piscina climatizada. **Asun**

Me quedé en una pensión pequeña y antigua. Estaba en el centro de la ciudad, y por eso era un poco ruidosa. Además, no tenía ni restaurante ni bar. **Fernando**

No me quedé en un hotel porque era demasiado caro. Me alojé en un albergue juvenil. Estaba cerca de la playa y tenía una cafetería. Era bastante moderno, ¡y muy barato! **Hassan**

Me alojé / Me quedé	I stayed
Por eso	So / Therefore
No tenía ni… ni…	It didn't have either… or…

5 leer
Lee los textos del ejercicio 4 otra vez. Escribe el nombre correcto.

Who stayed somewhere…
1 cheap?
2 lively?
3 by the beach?
4 with a pool?
5 noisy?
6 quiet?

G Using two past tenses   > Pages 202, 216

To say <u>what you did</u> in the past you use the **preterite tense**.
Fui a la playa.   I **went** to the beach.

To <u>describe things</u> in the past you use the **imperfect tense**.
El hotel estaba en la costa.   The hotel **was** on the coast.
Tenía una piscina.   It **had** a swimming pool.

era	it was (descriptions)	tenía	it had
estaba	it was (location)	había	there was / were

6 escuchar
Escucha y apunta los datos. (1–5)
Ejemplo: **1** *guest house, city centre, …*

el parador	luxury hotel, usually in a historic building

7 escribir
Imagina que visitaste Barcelona. Escribe un texto.

Estaba		cerca de la playa en el centro de la ciudad en el campo	
(No) Era	(un poco) (bastante) (muy) (demasiado)	moderno/a animado/a caro/a tranquilo/a cómodo/a	antiguo/a lujoso/a barato/a ruidoso/a
Tenía/Había… No tenía (ni… ni…) Además, (no) tenía…		(un) bar / (un) gimnasio (un) restaurante / (una) sauna (una) discoteca / (una) cafetería (una) piscina climatizada	

(El año pasado) fui a Barcelona y lo pasé…
Me alojé en… Estaba en… Era… Había…, pero no tenía…
Un día visité la ciudad (en bici) con…
Primero fuimos a… Luego…
Lo mejor/peor fue cuando…

trece 13

4 Quisiera reservar…

- Booking accommodation and dealing with problems
- Using verbs with usted
- Understanding higher numbers

1 Lee la página web. Escribe el precio para cada persona.

Ejemplo: **Isa** 95 € + 14 € = 109 €

Isa:	Single room, full board	Águeda:	Single room, full board, sea view
David:	Double room, half board	Pilar:	Single room, breakfast, three nights
Juan:	Double room, breakfast, sea view		

Hotel Dos Palomas, Alicante

Tenemos habitaciones:

 con baño   con ducha   con balcón   con vistas al mar (suplemento 18 €)

Tipo de habitación	Opciones	Precio por noche
Habitación individual	con desayuno	79 €
	con media pensión*	95 €
Habitación doble • con dos camas • con cama de matrimonio	con desayuno	116 €
	con media pensión*	Oferta especial 122 €

* Con pensión completa – suplemento de 14 €

2 Escucha y escribe el nombre correcto del ejercicio 1. (1–5)

Ejemplo: **1** David

3 Mira la página web y escucha los diálogos. Escribe las palabras que faltan. Luego escucha otra vez y comprueba tus respuestas. (1–6)

Ejemplo: **1** tienda de recuerdos

| piscina climatizada | tienda de recuerdos | gimnasio |
| aire acondicionado | wifi gratis | aparcamiento |

4 Empareja las preguntas con las respuestas. ¿Qué significan las expresiones en **negrita**?

1 ¿**Cuánto cuesta** una habitación doble con desayuno?
2 ¿**Hay gimnasio** en el hotel?
3 ¿**A qué hora se sirve** el desayuno?
4 ¿**Cuándo está abierta** la recepción?
5 ¿**Hasta qué hora está abierto** el bar?
6 ¿**Se admiten mascotas** en el hotel?

a Está abierta 24 horas.
b Entre las 7.00 y las 10.00 de la mañana.
c Sí, pero hay un suplemento para los perros.
d No, pero hay una piscina climatizada.
e Está abierto hasta medianoche.
f Son ciento dieciséis euros por noche.

catorce

Módulo 1

5 Escucha y lee. Completa la tabla para los cuatro diálogos. (1–4)

	room / meals	when	cost	question asked
1	single, half board, balcony	4 nights 8–12 May		

- Hotel Dos Palomas, ¿dígame?
- Quisiera reservar una habitación individual con media pensión.
- ¿Quiere una habitación con balcón o sin balcón?
- Pues, con balcón, por favor.
- ¿Para cuántas noches?
- Para cuatro noches, del ocho al doce de mayo. ¿Cuánto es, por favor?
- A ver … Son noventa y cinco euros por noche.
- De acuerdo. ¿Hay wifi gratis?

> ⭐ Listening out for the word **y** can help you to understand higher numbers:
>
> 49   *cuarenta **y** nueve*   forty <u>and</u> nine
> 259   *doscientos cincuenta **y** nueve*   two hundred fifty <u>and</u> nine
>
> Take care with numbers over a hundred.
>
> 100   *cien*
> 110   *ciento diez*
> 200   *doscientos*
> 500   *quinientos*

6 Con tu compañero/a, haz diálogos. Utiliza el ejemplo del ejercicio 5 y cambia los detalles.

7 Escucha y mira los dibujos. Apunta el problema, el número de habitación y el nombre. (1–4)

Ejemplo: **1** c – 530 – Mesonero

¿Cuál es el problema? ¿Qué habitación es? ¿Cómo se llama usted?	
Quiero	hablar con el director cambiar de habitación un descuento
El ascensor El aire acondicionado La ducha La luz	no funciona
La habitación	está sucia
Hay	ratas en la cama
No hay Necesito	papel higiénico (un) secador / toallas champú / jabón

8 Con tu compañero/a, inventa dos diálogos cómicos.

- Quiero hablar con el director.
- Hay ratas en la ducha y…
- Es la…
- Me llamo…

■ ¿Cuál es el problema?
■ ¿Qué habitación es?
■ ¿Cómo se llama usted?

> **G Using usted**   ▶ Page 214
>
> Use **usted** (polite form of 'you') in formal situations (e.g. at a hotel). It uses the same verb endings as the '**he/she/it**' form of the verb.
>
> ¿Cómo se llam**a** usted?   What are you (polite singular) called?
>
> Often the word **usted** is omitted.
>
> ¿Puede repetir, por favor?   Can you repeat, please?

quince 15

Módulo 3

4 Escucha y lee el texto. Contesta a las preguntas en inglés.

Las redes sociales – lo bueno y lo malo

WhatsApp es mi red social preferida. Con esta app, **lo bueno es que siempre estoy en contacto con mis amigos**. La tengo desde hace seis meses y **es muy práctica**.

Mi hermana Jessica usa Facebook para compartir fotos y publicar mensajes. Mi padre viaja a menudo a otros países, pero **afortunadamente, usa Skype para hablar con mi madre**. En cada país mi padre usa Duolingo. Dice que **es la mejor app** para aprender idiomas.

Lo malo de la tecnología móvil es que es adictiva. Por ejemplo, creo que mi hermana **está enganchada a su móvil**. No puede estar un minuto sin él. Además, descarga al menos tres canciones todos los días, lo que **es muy caro** y ¡yo pienso que **es una pérdida de tiempo**!

Alejandro

Alejandro con sus amigos

al menos	at least
a otros países	to other countries
publicar	to post (a message)

1. Why is WhatsApp Alejandro's favourite social network?
2. How long has he been using it for?
3. What does Jessica use Facebook for? Give two details.
4. What does Alejandro's dad use Duolingo for?
5. Why does Alejandro think Jessica is addicted to her phone?
6. What does Alejandro think is a waste of time?

5 Escucha las frases del ejercicio 4. ¿Son positivas o negativas? Copia y completa la tabla. (1–9)

frases positivas	frases negativas
1 es mi red social preferida	2 lo malo de la tecnología móvil es que es adictiva

6 Traduce las frases al español. Usa el texto del ejercicio 4 como modelo.

Look back at exercise 5. Change 'she is addicted to' to the 'I' form.

1. **I am** addicted to my mobile.
2. Twitter is my **favourite** social network.
3. My brother uses Netflix **to watch** videos.
4. **My friends and I use** Duolingo to learn Spanish.
5. My friend Gabriela uses **lots of apps** to pass the time.

'To' here means 'in order to'.

Which form of the verb do you use for 'my friends and I'?

Think about where to put this adjective.

Remember that *mucho* agrees with the noun it describes → much__ aplicaciones

7 *Mis aplicaciones favoritas*. Prepara un post. Incluye la siguiente información:

- ¿Qué aplicaciones usas?
- ¿Para qué usas las aplicaciones?
- ¿Por qué te gusta Twitter?
- ¿Tiene algún inconveniente?

Uso… , … y…
Uso… para…
Me gusta porque es…
Lo malo es…

⭐ Extend your responses by referring to others, using different parts of the verb.

E.g. *Mis amigos y yo **usamos** WhatsApp para chatear, pero mi madre **usa** Twitter.*

cincuenta y uno 51

2 ¿Qué estás haciendo?

- Making arrangements
- Using the present continuous
- Improvising dialogues

1 Lee las frases y mira los dibujos. Escribe el nombre correcto.

1 Estoy tocando la guitarra.
2 Estoy escuchando música.
3 Estoy hablando por teléfono con mi madre.
4 Estoy comiendo pizza.
5 Estoy jugando con mi móvil.

2 Lee y busca las expresiones en los mensajes.

Sara Moya Cortés
¡Holaaaaaaaaaaaa a todooooss! ¿Qué **estáis haciendo** ahora mismo?

💬 **Carlos Santos Bedoya**
Estoy tomando el sol en el balcón. ¡Qué bien!

💬 **Elena Fernández**
Rebecca y yo **estamos viendo una peli** en casa.

💬 **James Baker**
¡Hola Sara! **Estoy leyendo** porque Mateo **está haciendo footing**. ¡Desde hace una hora ya!

💬 **Gabriela Reyes Telmo**
Yo **estoy escribiendo** aquí en Facebook para responderte. ¡Jajaja! Y tú, Sara, ¿**qué estás haciendo**? 😊 😊

💬 **Sara Moya Cortés** ¿Yo? **Estoy pensando** en ir a la plaza Mayor aquí en Salamanca. ¿Queréis venir conmigo?

la plaza Mayor, Salamanca

1 He is jogging
2 I am reading
3 We are watching a film
4 I'm sunbathing
5 What are you doing?

3 Escucha y apunta los detalles en inglés. (1–4)

- Where are they in Salamanca?
- What are they doing?

Ejemplo: **1** *in the main square, …*

⭐ When listening or reading you may encounter different forms of familiar verbs. E.g. You know *comer* (to eat) but hear *comiendo*. What does this mean?

G The present continuous ▶ Page 206

	estar (to be)	**present participle**
(yo)	estoy	
(tú)	estás	
(él/ella/usted)	está	mir**ando**
(nosotros/as)	estamos	beb**iendo**
(vosotros/as)	estáis	escrib**iendo**
(ellos/ellas/ustedes)	están	

To form the present participle, take the infinitive, remove the –*ar*, –*er* or –*ir* and add the endings: –*ando*, –*iendo*, –*iendo*.

Estoy buscando canciones.   **I am looking** for songs.
Está jugando al fútbol.   **He/She is playing** football.

Irregular present participles include: *leer* → **leyendo**,
dormir → **durmiendo**

52 cincuenta y dos

Módulo 3

4 hablar Improvisa una conversación con tu compañero/a usando los dibujos del ejercicio 1.

● ¿Qué está haciendo <u>Gonzalo</u>?
■ Pues, está <u>comiendo pizza</u> y <u>viendo una peli</u>.

5 escuchar Escucha las conversaciones. Copia y completa la tabla en inglés. (1–4)

	activity	excuses
1	editing photos	

¿Quieres salir conmigo?

No puedo porque…	
tengo que quiero	cuidar a… visitar a… subir mis fotos a… quedarme en casa
está lloviendo	
estoy estamos	actualizando… editando… descansando… viendo…

lo siento	I'm sorry
actualizar	to update
cuidar	to look after
quedarse	to stay

6 leer Lee la conversación. Rellena los espacios con el verbo correcto. ¡Ojo! Sobran <u>dos</u> verbos.

Lucas: Hola, Ana. ¿Qué estás **1** ?
Ana: No mucho. Estoy viendo una serie.
Lucas: ¿**2** _____ salir conmigo? Podemos dar una vuelta por la ciudad.
Ana: Ahora no **3** _____ porque tengo que **4** _____ a mi abuela.
Lucas: ¡Qué rollo! Pues, ¿más tarde, entonces?
Ana: ¡Claro que sí! ¿A qué hora quedamos?
Lucas: A las seis.
Ana: Vale. ¿Dónde **5** _____?
Lucas: En la plaza Mayor. ¡Hasta las seis!

puedo · jugar · quedamos · visitar · haciendo · hablo · quieres

dar una vuelta — go for a wander

7 escuchar Escucha y comprueba tus respuestas.

Zona Cultura
Salamanca está en la zona central de España. Su plaza Mayor es un punto de encuentro popular. La gente pasa mucho tiempo allí charlando, tomando el sol, o comiendo helados. Es ideal por la tarde y también muy bonita por la noche.

el Puente Nuevo, Salamanca

8 hablar Organiza un encuentro con tu estudiante de intercambio. Utiliza el ejercicio 6 como modelo. Luego cierra el libro y repite el diálogo.

● Hola. ¿Qué estás haciendo?
● ¿Quieres…?
● ¡Qué rollo! Pues, ¿más tarde?
● A las…
● En… ¡Hasta las…!

■ Estoy… ¿Por qué?
■ Ahora no… porque…
■ Claro. ¿A qué hora quedamos?
■ Vale. ¿Dónde…?

cincuenta y tres 53

3 Leer es un placer

- Talking about reading preferences
- Using a range of connectives
- Recognising similar ideas expressed differently

1 escuchar Escucha. ¿Qué les gusta leer? Apunta la letra correcta. ¡Ojo! Sobra una opción. (1–6)
Ejemplo: **1** *b*

¿Qué te gusta leer?

a las biografías
b las revistas
c los periódicos
d las novelas de amor
e las historias de vampiros
f los tebeos / los cómics
g las novelas de ciencia ficción

¿Con qué frecuencia lees?
 todos los días
 a menudo
 de vez en cuando
 dos veces al mes
 una vez al año
 nunca

2 escuchar Escucha otra vez. Apunta la expresión que se menciona en español e inglés.
Ejemplo: **1** *de vez en cuando (from time to time)*

3 hablar Habla con tu compañero/a.

- ¿Qué te gusta leer?
- Me gusta leer revistas y biografías porque son muy divertidas.
- ¿Con qué frecuencia lees?
- Leo revistas a menudo y biografías de vez en cuando.
- ¿Qué no te gusta leer? ¿Por qué no?
- No me gusta leer novelas porque son aburridas.

> ⭐ Justify your opinions. Re-use adjectives you already know, e.g. for describing subjects and teachers: *gracioso, aburrido, importante*. Remember to make them agree.

4 leer Lee los textos y las preguntas en la página 55. ¿Quién es?

Me chiflan los tebeos y soy un fan del manga. Uso una app en mi móvil para leer porque es muy práctico. Leo a veces por la mañana, cuando estoy esperando el autobús.

Rafael

Mi tía Salomé es un ratón de biblioteca. Lee cada noche y le interesan más las biografías y las novelas históricas. Prefiere leer libros en papel porque a mi tía le encanta escribir anotaciones.

Salomé

ratón de biblioteca	bookworm
a mi tía le encanta	my aunt loves

cincuenta y cuatro

Who…

1 likes reading novels?
2 reads in the mornings?
3 loves comics?
4 reads e-books?
5 reads every night?
6 loves to make notes while reading?

5 Escucha y lee. Contesta a las preguntas en inglés.

E-books o libros en papel, ¿qué es mejor?

¡Hola, ratones de biblioteca! E-books o libros en papel, ¿qué es mejor?

Primero, yo personalmente prefiero leer en papel, porque me gusta tocar las páginas. Además, leer en formato digital **me cansa la vista**.

Sin embargo, una ventaja de los e-books es que **son mucho más transportables**, ya que no ocupan mucho espacio. También **son más ecológicos** y mis amigos dicen que **cuestan menos que los libros tradicionales**.

Por otro lado, una desventaja de los e-books es que **usan batería** y siempre tienes que recargarla. Otra desventaja es que **las páginas no tienen números**, y por eso es poco práctico.

En resumen, pienso que leer es algo muy personal. Y vosotros, ¿qué pensáis?

| recargar | to recharge |

1 Why does the DJ prefer reading paper books?
2 What happens when he reads e-books?
3 Which advantages of e-books does he give? (two details)
4 What do his friends think?
5 What does he say is impractical about e-books? (two details)
6 According to the DJ, why should we expect different views on this subject?

6 Lee el texto del ejercicio 5 otra vez. ¿Qué significan las opiniones en **negrita**?

7 Copia y completa la tabla. Empareja las ventajas y desventajas con frases sinónimas en el texto.

ventaja / desventaja	frase sinónima en el texto
es más barato que leer en papel	cuestan menos que los libros tradicionales

8 Escribe un blog sobre tus preferencias de lectura.

- ¿Qué te gusta leer?
  Me chifla leer… porque…
- ¿Con qué frecuencia lees?
  A menudo leo… y de vez en cuando…
- ¿Qué no lees nunca? ¿Por qué no?
  Sin embargo, nunca… porque…
- ¿Qué es mejor, e-books o libros en papel?
  Personalmente, prefiero leer… porque…

Leer en formato digital…

Ventajas 👍
es más barato que leer en papel
es más fácil transportar los libros digitales

Desventajas 👎
depende de la energía eléctrica
no hay numeración de páginas

⭐ Structure your writing:
primero (first of all)
además (furthermore)
sin embargo (however)
por otro lado (on the other hand)
ya que (because / as)
por eso (so)

4 Retratos y relaciones

- Describing relationships
- Using ser and estar
- Understanding more detailed descriptions

1 Lee las frases y mira las fotos. ¿Qué significan las frases y cómo se pronuncian?

¿Te llevas bien con tu familia y tus amigos?

1 Me llevo muy bien con mi madre.

2 Me peleo con mi hermana a veces.

3 No me llevo bien con mis padres.

4 Me divierto con mi padre.

5 Me llevo superbién con mi mejor amigo.

6 Me divierto con mi amiga.

2 Escucha y completa la tabla en inglés. (1–6)

who	relationship ☺ ☹	character
1 best friend	☺	never…

 In this unit you encounter some new personality adjectives. Many are cognates but sound different to the English. What do you think these mean and how are they pronounced: *dinámico, estricto, estúpido, pesimista, positivo, honesto, gracioso, generoso*?

3 Con tu compañero/a, haz diálogos.

- ● ¿Te llevas bien con <u>tu madre</u>?
- ■ Sí, me llevo bien con <u>mi madre</u> porque siempre es <u>optimista</u> y <u>paciente</u>. Y tú, ¿te llevas bien con <u>tus padres</u>?
- ● Me divierto con <u>mi madre</u> porque es <u>graciosa</u>, pero me peleo con <u>mi padre</u> porque a veces es <u>impaciente</u>.

Make your speaking more interesting by using a variety of adjectives and use adverbs to add detail: *siempre, a veces, de vez en cuando, nunca…*

G Reflexive verbs for relationships ▶ Page 201

Some verbs for describing relationships are reflexive in Spanish.

llevarse (to get on)

(yo)	me llevo	
(tú)	te llevas	
(él/ella/usted)	se lleva	bien con…
(nosotros/as)	nos llevamos	mal con…
(vosotros/as)	os lleváis	
(ellos/ellas/ustedes)	se llevan	

Me llevo bien con mis padres.   **I get on** well with my parents.

These include: *pelearse* (to argue) and *divertirse* (to have fun).
Me peleo con mi hermano.   **I argue** with my brother.
Me divierto con mi mejor amiga.   **I have fun** with my best friend.

4 Escucha y mira la foto. Escribe la letra correcta. Luego escucha otra vez. Apunta <u>dos</u> detalles de carácter y <u>dos</u> detalles sobre la relación. (1–3)

Ejemplo: **1** b quite serious, … get on well, …

Patricia

Bruno

Simon

Kiara

Noa

5 Lee el texto y tradúcelo al inglés.

After you've translated the text in exercise 5, find <u>four</u> different uses of *ser* and *estar*.

> Mi mejor amigo, Simon, es de Alemania. Es rubio y bastante alto, con el pelo corto y liso. Como persona es siempre optimista. No es trabajador, pero es fiel. Está en el centro de la foto. Está muy contento y está sonriendo.

G Ser *and* estar

Ser is used for:
Description: **Soy** alto. **Soy** honesto.
Origin: ¿**Eres** de Colombia?

Estar is used for:
Position: **Estoy** en la playa.
Action: **Está** estudiando.
Condition: **Estamos** cansados.
Emotion: **Están** contentos.

6 Lee el texto y contesta a las preguntas.

¿Cómo es para ti un buen amigo o una buena amiga?

> Mi mejor amiga se llama Carla. La conocí hace cuatro años en el instituto. Es bastante baja y rubia, y tiene los ojos marrones. De carácter es dinámica y siempre es positiva. Me llevo superbién con ella porque tenemos mucho en común, como el deporte y la música. Además, es muy graciosa y me hace reír cuando estoy triste. Para mí, una buena amiga es alguien que te ayuda y siempre te dice la verdad.
>
> **Olivia**

| la conocí | I met her |
| me hace reír | he/she makes me laugh |

1 Who is Carla and when did Olivia meet her?
2 Why do Olivia and Carla get on well?
3 Why else do they get on well? (<u>two</u> reasons)
4 In Olivia's view, what makes a good friend? (<u>two</u> details)

7 Escucha. Copia y completa la tabla en inglés. (1–6)

	who	character	a good friend is someone who…
1			

| un buen amigo / una buena amiga es alguien que te… | ayuda apoya conoce bien acepta |
| me llevo bien con él / ella porque me… | hace reír dice la verdad |

| mi marido | my husband | mi hijo/a | my son/daughter |
| mi mujer | my wife | | |

8 Escribe un texto. Utiliza el texto de ejercicio 6 como modelo.

- ¿Cómo se llama tu mejor amigo/a?
- ¿Cómo es físicamente?
- ¿Cómo es de carácter?
- ¿Cómo te llevas con él/ella?
- ¿Cómo es para ti un buen amigo?

cincuenta y siete

Módulo 3   Leer y escuchar

1 A penfriend

Your teacher has given you this profile of your new Spanish penfriend.

Nombre: Gonzalo
Apellidos: Espina Rodríguez

Gonzalo es hijo único, pero su prima Angelina, que tiene dieciséis años, vive de momento en casa con él y con sus padres. Gonzalo es un poco tímido, pero tiene buen sentido del humor. Para él, un buen amigo es alguien que te conoce bien.

Gonzalo

Answer the questions in **English**.

1 Who does Gonzalo live with?
2 How old is Angelina?
3 What is Gonzalo like as a person? (**two** details)
4 What, in his view, makes a good friend?

2 Las tecnologías móviles

Estás en casa de tu amigo español y ves estos comentarios en la página web misaplicaciones.com.

misaplicaciones.com

Vuestras opiniones sobre las nuevas aplicaciones:

App	Puntos	Comentarios
Horizonte	😊😊😊😊😊	Me encanta porque con esta app siempre estoy en contacto con mi familia y mis amigos.
Actual	😊😊😊😊	Esta app es buena para usar en mis ratos libres – puedo ver las noticias o disfrutar de una novela.
Cielo	😊😊😊😊	¡Me chifla! Siempre la uso para memorizar palabras.

A	descargar música
B	leer
C	controlar mi actividad física
D	aprender idiomas
E	mandar y recibir mensajes

¿Para qué se pueden usar las aplicaciones?
Escribe la letra correcta.

1 Horizonte
2 Actual
3 Cielo

3 Translation into English.

You have received this WhatsApp message. Translate it into **English** for your friend.

Normalmente me llevo bien con mi hermana porque es simpática y bastante divertida. Pero le gusta escuchar música rock y ayer ella era demasiado ruidosa en casa. Esta noche voy a dormir en casa de mi amiga.

4 Love at first sight

Read this extract from the novel *Las lágrimas de Shiva* by César Mallorquí. Then answer the questions which follow in **English**.

> Contemplé la foto que me mostraba mi madre: cuatro chicas situadas en un jardín, frente a una casa antigua de tres plantas. Todas eran rubias y todas eran muy guapas.
>
> —Ésta es Rosa, la mayor —dijo mamá, señalando la foto con el dedo—. Ahora debe de tener dieciocho años.
>
> Rosa era la más alta de las cuatro y, aunque llevaba un vestido amplio, se notaba que era delgada. Tenía el pelo largo, los ojos azules y una cara amable.

1. In the photo, where are the four girls? (**two** details)
2. What is one feature the girls share?
3. How does the writer's mother describe Rosa? (**one** detail)
4. Apart from her eye colour, what does the writer tell us about Rosa? (**two** details)

⭐ Read the questions first to determine the information you need. You do not have to write whole sentences.

1 Lifestyle

You are Skyping with Mariola, your Spanish friend, who is talking about her brother, Enrique. What is Enrique's favourite activity now and what is Mariola's opinion of it?

Complete the table in **English**.

Enrique's favourite activity now	Mariola's opinion

2 Reading habits

You are listening to people in a podcast describing when, why and what they read. Answer the questions in **English**.

a How often does Patricio read?
  A now and then
  B often
  C once a year

b Why does Aurelia read?

⭐ Multiple choice questions often contain 'distractors'. Don't jump to conclusions, as you will probably hear more than one of the options mentioned.

3 Technology in everyday life

Your Spanish friend Miguel phones you and tells you about his friend Ana's new mobile phone. Answer all parts of the question in **English**.

a What happened to Ana's phone?
b What happened this morning?
c Why does she think it's great?
d Why can't she get in touch with her friends now? (**two** details)

Módulo 3   Prueba oral

A – Role play

1 Look at this role play card and prepare what you are going to say.

> Your teacher will play the part of your Spanish friend and will speak first.
> You should address your friend as *tú*.
> When you see this – **!** – you will have to respond to something you have not prepared.
> When you see this – **?** – you will have to ask a question.
>
> Estás hablando con tu amigo español / tu amiga española sobre la tecnología móvil y los amigos.
> - Tu uso del móvil (**un** detalle)
> - Tu opinión sobre las redes sociales
> - **Una** actividad que haces con tus amigos
> - **!**
> - **?** Leer

Keep your answer short as you are asked for one detail. Start your answer with Uso mi móvil para…

Why not choose a specific social network here? 'I think that… is…'

Use familiar language. Remember that pronunciation and accuracy are important to communicate clearly.

This conversation is about technology **and** *friends. Look at the other prompts and try to predict what you might be asked.*

There are several possibilities here: 'What do you (like)…?' 'Do you like…?' 'How often do you…?'

2 Practise what you have prepared. Then, using your notes, listen and respond.

3 Now listen to Zac doing the role play task. Note down:
1. What he uses his phone for.
2. The opinion of social media that he gives.
3. How he answers the unprepared question(s).
4. What question he asks.

B – Photo card

Look at the photo and make notes. Your teacher will then ask you questions about the photo and about topics related to **me, my family and friends**.

Your teacher will ask you the following three questions and then **two more questions** which you have not prepared.
- ¿Qué hay en la foto?
- Describe a tu pareja ideal.
- ¿Qué hiciste la última vez que saliste con tu familia?

1 Look at the photo and read the task card. Then listen to Anya's answer to the first bullet point on the card and answer the following:
1. Match the Spanish and English. Then note down the words that are mentioned.
2. Why does it seem like a special occasion?
3. Why does she think it is a wedding?

vestido blanco	wedding
champán	flowers
cena especial	wedding cake
boda	champagne
ropa formal	white dress
pastel de boda	special dinner
flores	formal clothing

Módulo 3

2 **Listen to and read Anya's answer to the second question.**

1. Write down the missing word(s) for each gap.
2. Note the Spanish for the expressions below the text.

> Mi pareja ideal es una persona **1** ———. Es mi mejor amigo porque siempre me escucha y me **2** ——— cuando tengo problemas. Además, tiene buen sentido del humor y me **3** ———. Tenemos mucho **4** ——— y hacemos muchas cosas juntos. **5** ——— me critica, pero siempre me **6** ——— la verdad.

- my perfect partner
- always listens to me
- good sense of humour
- we do a lot of things together
- tells me the truth

3 **Listen to and read Anya's answer to the third question.**

1. Note **five** differences.
2. Look at the Answer booster on page 62. Note down **five** examples of language which Anya uses to give a strong answer.

> La última vez que salí con mi familia fue el Día del Padre. Fuimos en tren a Londres para ir a un concierto. A mi padre le mola la música clásica, pero a mí no me interesa nada, así que fue un poco monótono. Sin embargo, después fuimos a cenar a un restaurante mexicano, donde cenamos fajitas y tacos. ¡Qué rico!

4 Prepare your own answers to the first **three** questions. Think about which other **two** questions you could be asked. Then listen and take part in the full photo card discussion.

C – General conversation

1 The teacher asks Jennifer '*¿Cómo es para ti un buen amigo?*'. Listen to her answer and rewrite the **four** incorrect statements below:

1. Nos conocemos desde hace siete años.
2. Nos encanta la música.
3. Ana es bastante baja y rubia.
4. Ana es una buena amiga porque es impaciente.

⭐ When answering more open questions, it is useful to give concrete examples. This helps you to give an extended answer using familiar language you know well.

2 The teacher then asks '*¿Quiénes son más importantes, tus amigos o tus padres?*'. Look at the Answer booster. Note the Spanish for the following expressions:

- it depends
- one advantage of… is
- however
- for that reason

3 Jennifer is then asked '*¿Crees que los jóvenes están obsesionados con sus móviles?*'.

1. Look at the Answer booster on page 62. Write down **five** examples of what she does to give a strong answer.
2. Write down **three** examples of how she uses different persons of the verb.

⭐ Try to refer to others, even when the question asks about you. This is an excellent way to improve your answer.

4 Prepare your own answers to Module 3 questions 1–6 on page 188. Then practise with your partner.

sesenta y uno

Módulo 3 Prueba escrita

Answer booster	Aiming for a solid answer	Aiming higher	Aiming for the top
Verbs	**Different time frames:** past, present, near future	**Different persons** of the verb: *mis padres dicen, fuimos* **Relationship verbs:** *(No) Me llevo bien con…, nos conocemos* **Desde hace:** *desde hace… años*	**Mixed tenses:** present tense and present continuous, present and preterite
Opinions and reasons	**Verbs of opinion:** *me gusta, me chifla…* **Adjectives:** *paciente, optimista*	**Different opinion phrases with reasons:** *(No) Me interesa… porque…*	**Verbs of opinion for other people:** *a mi padre le mola* **Comparatives:** *…es más paciente que…* **Exclamations:** *¡Va a ser genial! ¡Qué rico!*
Connectives	*y, pero, también*	*además, sin embargo*	**Add more variety:** *así que, ya que, por eso, una ventaja…, pero una desventaja…*
Other features	**Sequencers:** *primero, luego, después* **Other time phrases:** *a veces, siempre, la última vez que…*	***para* + infinitive:** *para escuchar música* **Interesting vocab and expressions:** *me hace reír, me apoyan*	**Complex sentences with *donde*, *cuando*:** *fuimos a un restaurante donde…*

A – Photo-based task

 **Look at the photo and the task. Write your answer, checking carefully what you have written.**

Decides colgar esta foto en Facebook para un amigo español.

Escribe **cuatro** frases en **español** que describan la foto.

⭐ Use the mnemonic PAWS to help you remember what to include in the photo task.

P – People / Things
A – Actions
W – Weather
S – Situation / Location

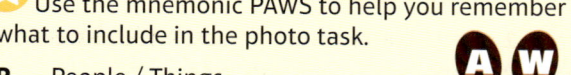

P – Who is in the photo? A group of friends / a family? *En la foto hay…*

A – Use either the present or present continuous to say what they are doing. E.g. *Comen / Están (comiendo)… y…*

W – What is the weather like? *Hace… y…*

S – Where are they? *Están…*

sesenta y dos

B – Translation

 1 Translate the following sentences into **Spanish**.

1. I take photos with my phone.
2. I read novels sometimes.
3. We send lots of texts in the evening.
4. I have to look after my sister because she is five years old.
5. We went to a school to learn languages.

- In the present tense, regular verbs in the 'I' form always end in –o.
- Remember that *mucho* is an adjective and here needs to agree with the noun 'texts'.
- Beware! These expressions do not translate word for word.
- Remember to use the preterite here.
- Translate 'to' as 'in order to' and remember it is followed by the infinitive.

C – Extended writing task

 1 Look at the task and answer these questions.
- What type of text are you asked to write?
- What is each bullet point asking you to do?
- Which tense(s) will you need to use to answer each one?

> Tu amigo español quiere saber sobre tu vida y cómo usas las tecnologías móviles.
>
> Escríbele una carta.
>
> Menciona:
> - cómo usas tu móvil todos los días
> - qué hiciste ayer con tu ordenador
> - tus opiniones sobre tu familia
> - qué vas a hacer con tus amigos el próximo fin de semana.
>
> Escribe aproximadamente **90** palabras en **español**.
> Responde a todos los aspectos de la pregunta.

2 Read Martyn's answer at the bottom of this page. What do the phrases in **bold** mean?

 3 Look at the Answer booster. Note down **six** examples of language which Martyn uses to write a strong answer.

 **4** Prepare your own answer to the task.
- Look at the Answer booster and Martyn's text for ideas.
- Write a detailed plan. Organise your answer in paragraphs.
- Write your answer and carefully check what you have written.

Uso mi móvil todos los días para escuchar música. Es muy práctico **cuando estoy esperando** el autobús por la mañana. Además, uso WhatsApp **para mandar mensajes** a mis amigos y a mi familia.

Ayer usé mi ordenador para **buscar y compartir información** con mis amigos para un proyecto de historia. Después **aprendí vocabulario español** con una app.

A veces **no me llevo bien** con mi padre porque es bastante estricto, pero mis padres **siempre me apoyan** cuando tengo estrés por los exámenes.

El fin de semana que viene **mis amigos y yo vamos a ir** a una fiesta, porque es el cumpleaños de mi amigo David. ¡**Va a ser** genial!

Módulo 3   Palabras

¿Qué aplicaciones usas?	**What apps do you use?**	divertido/a	fun
Uso… para…	I use… (in order) to…	peligroso/a	dangerous
subir y ver vídeos	upload and watch videos	práctico/a	practical
compartir fotos	share photos	rápido/a	quick
pasar el tiempo	pass the time	fácil de usar	easy to use
organizar las salidas con	organise to go out with	popular	popular
mis amigos	my friends	útil	useful
contactar con mi familia	contact my family	gratis	free
descargar música	download music	adictivo/a	addictive
chatear	chat	mi red social preferida	my favourite social network
aprender idiomas	learn languages	una pérdida de tiempo	a waste of time
controlar mi actividad física	monitor my physical activity	la mejor app	the best app
publicar mensajes	post messages	Estoy enganchado/a a…	I am hooked on…
Es / No es…	It is / It isn't…		
cómodo/a	handy / convenient		

¿Qué estás haciendo?	**What are you doing?**	leyendo	reading
Estoy…	I am…	durmiendo	sleeping
tocando la guitarra	playing the guitar	escribiendo	writing
hablando por teléfono	talking on the phone	pensando en salir	thinking of going out
jugando con mi móvil	playing on my phone	actualizando mi página	updating my Facebook page
comiendo pizza	eating pizza	de Facebook	
tomando el sol	sunbathing	editando mis fotos	editing my photos
esperando a…	waiting for…		
viendo una peli	watching a film		

¿Quieres salir conmigo?	**Do you want to go out with me?**	quedarme en casa	to stay at home
No puedo porque…	I can't because…	dar una vuelta	to go for a wander
está lloviendo	it's raining	¡Qué pena!	What a shame!
tengo que…	I have to …	¿A qué hora quedamos?	What time shall we meet?
visitar a (mi abuela)	visit (my grandmother)	¿Dónde quedamos?	Where shall we meet?
cuidar a (mi hermano)	look after (my brother)	En la plaza Mayor.	In the main square.
quiero…	I want…	Vale	OK
subir mis fotos	to upload my photos		

¿Qué te gusta leer?	**What do you like reading?**	las novelas de amor	romantic novels
los tebeos / los cómics	comics	las historias de vampiros	vampire stories
los periódicos	newspapers	las biografías	biographies
las revistas	magazines		
las novelas de ciencia ficción	science fiction novels		

¿Con qué frecuencia lees?	**How often do you read?**	una vez al año	once a year
todos los días	every day	nunca	never
a menudo	often	un ratón de biblioteca	a bookworm
de vez en cuando	from time to time	un(a) fan del manga	a manga fan
una vez a la semana	once a week		
dos veces al mes	twice a month		

¿Qué es mejor, e-books o libros en papel?	**What is better, e-books or paper books?**	Las páginas…	The pages…
Los e-books…	E-books…	no tienen números	don't have numbers
cuestan menos que los libros	cost less than traditional	una ventaja	an advantage
tradicionales	books	una desventaja	a disadvantage
son más…	are more…	Leer en formato digital…	Reading in digital format…
transportables	portable	protege el planeta	protects the planet
ecológicos	environmentally-friendly	es más barato	is cheaper
cansan la vista	tire your eyes	depende de…	depends on…
usan batería	use battery	la energía eléctrica	electricity

sesenta y cuatro

Módulo 3

La familia	Family		
el padre	father	el primo	male cousin
la madre	mother	la prima	female cousin
el padrastro	step-father	el sobrino	nephew
la madrastra	step-mother	la sobrina	niece
el hermano	brother	el marido	husband
la hermana	sister	la mujer	wife
el hermanastro	step-brother	el hijo	son
la hermanastra	step-sister	la hija	daughter
el abuelo	grandfather	el nieto	grandson
la abuela	grandmother	la nieta	granddaughter
el tío	uncle	mayor / menor	older / younger
la tía	aunt		

¿Cómo es?	What is he/she like?		
Tiene los ojos…	He/She has… eyes	Tiene…	He/She has…
azules	blue	pecas	freckles
verdes	green	Lleva…	He/She wears…
marrones	brown	gafas	glasses
grises	grey	barba	a beard
grandes	big	bigote	a moustache
pequeños	small	Es…	He/She is…
Tiene el pelo…	He/She has… hair	alto/a	tall
moreno	dark-brown	bajo/a	short
castaño	mid-brown, chestnut	delgado/a	slim
rubio	blond	gordito/a	chubby
rojo	red	gordo/a	fat
corto	short	calvo/a	bald
largo	long	moreno/a	dark-haired
rizado	curly	rubio/a	fair-haired
liso	straight	castaño/a	brown-haired
ondulado	wavy	pelirrojo/a	red-haired
		No es ni gordo/a ni delgado/a	He/She is neither fat nor thin

¿Cómo es de carácter?	What is he/she like as a person?		
Como persona, es…	As a person, he/she is…	tímido/a	shy
optimista	optimistic	divertido/a	fun
pesimista	pessimistic	serio/a	serious
trabajador(a)	hard-working	gracioso/a	funny
perezoso/a	lazy	generoso/a	generous
hablador(a)	chatty	fiel	loyal

¿Te llevas bien con tu familia y tus amigos?	Do you get on well with your family and friends?		
Me llevo bien con…	I get on well with…	Me divierto con…	I have a good time with…
No me llevo bien con…	I don't get on well with…	Me peleo con…	I argue with…

¿Cómo es un buen amigo / una buena amiga?	What is a good friend like?		
Un buen amigo / una buena amiga es alguien que…	A good friend is someone who…	te hace reír	makes you laugh
		te dice la verdad	tells you the truth
te ayuda	helps you	Conocí a…	I met…
te apoya	supports you	mi mejor amigo/a	my best friend
te conoce bien	knows you well	hace (cuatro) años	(four) years ago
te acepta	accepts you	tenemos mucho en común	we have a lot in common

sesenta y cinco

4 Intereses e influencias
Punto de partida 1

- Talking about free-time activities
- Using stem-changing verbs

1 Escucha y escribe las letras correctas. (1–4)
Ejemplo: **1** c, g…

| los ratos libres | free time |
| la paga | pocket money |

¿Qué haces en tus ratos libres?

a A menudo **juego** al futbolín.

b Después del insti **toco** la trompeta.

c Todos los días **monto** en monopatín.

d Cuando tengo tiempo, **cocino**.

¿Adónde vas los fines de semana?

e **Voy** al polideportivo.

f **Voy** al centro comercial.

g **Voy** a la pista de hielo.

h Mis amigos y yo **vamos** a la bolera.

¿Tus padres te dan dinero?

Sí, **recibo**…

i diez euros a la semana.

j veinte euros al mes.

k dinero para mi cumpleaños.

l dinero de vez en cuando.

¿Qué haces con tu dinero?

m **Gasto** mi paga en videojuegos.

n **Gasto** mi paga en revistas.

o **Compro** saldo para el móvil.

p **Compro** ropa y maquillaje.

2 Lee el texto. Rellena los espacios con los **verbos** del ejercicio 1. Luego tradúce el texto al inglés.

Después del insti **1** <u>toco</u> la guitarra y **2** ———— en bici. Los fines de semana normalmente **3** ———— al polideportivo, donde **4** ———— al squash. De vez en cuando mis amigos y yo **5** ———— al cine Imax. El problema es que no tengo mucho dinero. **6** ———— doce euros a la semana, pero **7** ———— mi paga en revistas. A menudo **8** ———— caramelos también.

3 Con tu compañero/a, haz diálogos.

- ¿Qué haces en tus ratos libres?
- A menudo <u>toco</u>… y todos los días…
- ¿Adónde vas los…?

> a + el = **al**   Voy **al** cine.
> a + la = **a la**   Vamos **a la** playa.

4 Escribe un texto. Usa el texto del ejercicio 2 como modelo.

Say:
- what you do in your free time, and when
- how much pocket money you receive
- what you spend it on

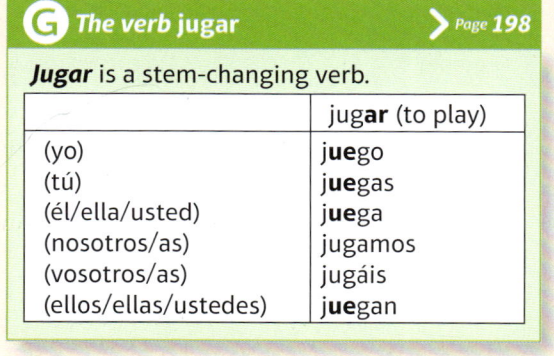

G The verb jugar › *Page 198*

Jugar is a stem-changing verb.

	jug**ar** (to play)
(yo)	**jue**go
(tú)	**jue**gas
(él/ella/usted)	**jue**ga
(nosotros/as)	jugamos
(vosotros/as)	jugáis
(ellos/ellas/ustedes)	**jue**gan

66 sesenta y seis

Módulo 4

5 **Empareja el deporte con el dibujo correcto.**
Ejemplo: **1** d

Juego / Jugué al…
1 baloncesto
2 fútbol
3 rugby
4 ping-pong
5 hockey

Hago / Hice…
6 gimnasia
7 atletismo
8 equitación
9 natación
10 ciclismo

6 **Escucha. Copia y completa la tabla. (1–5)**

	past	present
1	f	

⭐ Try to spot the **tense** of the verb and listen out for **time phrases**.
Present: *normalmente, todos los días, los (sábados)*
Preterite: *ayer, esta mañana, el (sábado) pasado*

7 **Lee el texto y contesta a las preguntas en inglés.**

¡Soy adicta al deporte! Hago judo tres veces a la semana y juego al baloncesto todos los días. También hago otros deportes cuando tengo tiempo. Por ejemplo, ayer jugué un partido de pádel. Sin embargo, nunca juego al golf porque es aburrido. En septiembre hice un triatlón en Mallorca. Primero nadé dos kilómetros en el mar. ¡Qué frío! Luego monté en bici durante dos horas y finalmente corrí 21 kilómetros por la playa. No gané, pero ¡fue flipante!

correr	to run
ganar	to win

🇪🇸 **Zona Cultura**

El pádel es un deporte de raqueta que es muy popular en España y Latinoamérica. Fue inventado en México y se juega con una pala especial y una pelota.

Which sport…
1 does she do most often?
2 does she find boring?
3 did she do on the beach?
4 did she play yesterday?
5 did she do for two hours?
6 did she do for two kilometres?

💬 Cognates and near-cognates look like English words, but usually follow Spanish pronunciation rules. Practise saying these words:

críquet   tenis   rugby
fútbol   gimnasia   voleibol

However, the words for some sports break these rules.
hockey   judo

8 **Con tu compañero/a, habla del deporte.**
Say:
• Which sports you do/play, and when
• Which sports you never do
• Which sport you did recently

Hago / Juego… (los sábados).
También…
Sin embargo, nunca…
(Ayer) hice / jugué… Fue…

sesenta y siete 67

Punto de partida 2

- Talking about TV programmes and films
- Using adjectives of nationality

1 Escucha. Copia y completa la tabla en inglés. (1–6)

¿Eres teleadicto/a?
Sí, soy teleadicto/a.
No, no soy teleadicto/a.

	telly addict?	hours per day	likes / dislikes
1	✓	3–4	h – informative

a un concurso
b un programa de deportes
c un reality
d un documental
e una telenovela
f una comedia
g una serie policíaca
h las noticias

entretenido/a entertaining

> When giving your opinion about a type of programme use the **definite article** (word for 'the') and the **plural** form of the noun:
> un concurso → Me chiflan **los** concurso**s**.
> una telenovela → No me gusta ver **las** telenovela**s**.

2 Con tu compañero/a, haz diálogos.

- ¿Eres teleadicto/a?
- ¿Qué tipo de programas te gusta?
- ¿Cuál es tu programa favorito?
- ¿Qué tipo de programas no te gusta?

■ (Sí / No, no) soy teleadicto/a. Veo la tele… horas al día.
■ Me gustan los/las… porque son…
■ Mi programa favorito es… Es un/una…
■ No me gustan los/las… porque…

3 Escribe una entrada para el foro sobre la tele.

¿Eres teleadicto/a?

En mi opinión, (no) soy…
Veo la tele… horas al día.
Me gusta(n)… porque…
Mi programa favorito es…
No me gusta(n)… porque…

Es / Son (muy / bastante)…
aburrid**o/a/os/as**
adictiv**o/a/os/as**
divertid**o/a/os/as**
entretenid**o/a/os/as**
tont**o/a/os/as**
informativ**o/a/os/as**
emocionante(s)
interesante(s)

sesenta y ocho

Módulo 4

4 Escucha y escribe la letra correcta. (1–8)

Premios Festival de Izarra
- a Mejor actor
- b Mejor director
- c Mejor película de amor
- d Mejor película de terror
- e Mejor película de fantasía
- f Mejor película de animación
- g Mejor película de ciencia ficción
- h Mejor película de acción / aventuras

- americano/a
- alemán / alemana
- británico/a
- escocés / escocesa
- griego/a
- español / española
- italiano/a
- francés / francesa
- mexicano/a
- irlandés / irlandesa

5 Escucha otra vez y escribe la nacionalidad.

Ejemplo: **1** italiana

G Adjectives of nationality › Page 210

Adjectives of nationality do not start with a capital letter in Spanish.
Like all adjectives, they have to agree with the noun.
Those ending in a **vowel** usually follow the regular pattern:

italiano	italiana	italianos	italianas

Adjectives of nationality ending in a **consonant** follow an irregular pattern.

ending in –l	español	española	españoles	españolas
ending in –n	alemán	alemana	alemanes	alemanas
ending in –s	inglés	inglesa	ingleses	inglesas

Zona Cultura

Los Premios Goya celebran las mejores películas españolas. Los ganadores de los Goya incluyen al actor Javier Bardem, la actriz Penélope Cruz y el director Guillermo del Toro.

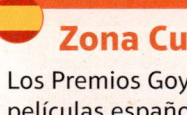

6 Lee el texto y completa las frases en inglés.

Voy al cine todos los sábados por la noche. **Me chiflan** las películas extranjeras, pero **no me gustan** las películas de dibujos animados japoneses **porque son** tontas. **Mi actor favorito es** el mexicano Gael García Bernal. ¡Qué guapo es!

La semana pasada vi una película alemana con mi novio, que es galés. Me gustó la peli, aunque era bastante larga. **Después** fuimos a un restaurante italiano. **Fue** muy divertido.
Paula

| aunque | although |
| extranjero/a | foreign |

1. Paula goes to the cinema…
2. She loves…
3. She doesn't like … because…
4. She thinks that Gael García Bernal is…
5. Last week she…
6. She mentions … different nationalities.

7 Escribe un texto sobre el cine.

Use the phrases in **bold** in exercise 6 to help you give details about:
- when you go to the cinema
- types of films you like / don't like, and why
- your favourite actor / actress
- a recent trip to the cinema

sesenta y nueve **69**

1 ¿Qué sueles hacer?

- Talking about what you usually do
- Using **suelo** + *infinitive*
- Looking at context to identify missing words

 1 Lee el artículo. Luego escucha y apunta los detalles para cada persona. (1–6)

- el número de la actividad
- ¿cuándo?

Ejemplo: **1** 9 – después del insti

> los (lunes)
> los fines de semana
> por la mañana / tarde / noche
> después del insti
> a la hora de comer

Los pasatiempos de los jóvenes españoles

Según una encuesta, un joven español suele tener una media de 32,6 horas de tiempo libre a la semana.

Las diez actividades de ocio más populares son:

1. usar el ordenador
2. salir con amigos
3. escuchar música
4. ver la tele
5. descansar
6. leer periódicos o revistas
7. escuchar la radio
8. leer libros
9. hacer deporte
10. ir al cine

los pasatiempos	hobbies
el tiempo libre	free time
el ocio	leisure

2 Con tu compañero/a, haz diálogos sobre los pasatiempos.

- ● ¿Qué sueles hacer en tu tiempo libre?
- ■ Suelo *escuchar música*.
- ● ¿Cuándo sueles *escuchar música*?
- ■ Por la tarde, después del insti.

G Suelo + *infinitive*

To say what you usually do or tend to do, you can use **suelo** + the **infinitive**.

Suelo salir con amigos.   I usually / tend **to go out** with friends.

Change the verb ending to talk about other people.

¿Cuándo **sueles leer**?   When do **you usually / tend to read**?
Mi madre **suele descansar**.   My mum **usually / tends to rest**.

 3 Escucha y apunta en inglés:
(a) ¿qué actividad hace?
(b) ¿por qué? (1–6)

Ejemplo: **1** Plays the saxophone – needs to…

Es	divertido	Me hace reír
	sano	Me ayuda a relajarme
Soy	creativo/a	Me encanta	practicar
	sociable	Necesito	estar al aire libre
	activo/a		estar en contacto
	adicto/a a…		con otra gente

 4 Escribe un texto sobre tus pasatiempos.

- Mention <u>four</u> activities you usually do.
- Say when you do them.
- Give reasons.

Tengo muchos pasatiempos. Todos los días después del insti suelo ver la tele porque me hace reír. Por la mañana…

⭐ Include expressions of frequency to say how often you usually do things. e.g.
todos los días (every day), **siempre** (always), **una vez a la semana** (once a week), **dos veces al mes** (twice a month).

70 setenta

Módulo 4

5 Lee el texto. Luego completa las frases con la(s) palabra(s) correcta(s).

Silvano, 15 Puerto Plata

Vivo en la República Dominicana, donde la música es muy popular. Mi madre adora a Juan Luis Guerra, un cantante famoso por la bachata y el merengue (dos estilos de música y baile tradicionales), pero yo suelo escuchar el R 'n' B. Mis hermanos y yo tenemos nuestra propia banda – yo toco la batería, José toca el teclado y Félix canta.

Mi cantante favorito es Bruno Mars. Tiene una voz hermosa y su música combina muchos estilos diferentes. Hace dos años fui a un concierto de Bruno Mars en Santo Domingo, nuestra capital, y fue increíble. Saqué muchas fotos y también compré una camiseta de la gira. Fue una noche inolvidable, dado que cantó todas mis canciones favoritas.

Bruno Mars

1 La madre de Silvano es ——— de Juan Luis Guerra.
2 Silvano y su madre prefieren ——— estilos de música.
3 Silvano y José tocan ———.
4 La música de Bruno Mars es muy ———.
5 Silvano compró ——— del concierto.

instrumentos	aburrida	diferentes
un recuerdo	conciertos	un vídeo
variada	muchos	
una fan	una cantante	

⭐ To find the correct missing word look at the **context**.
1 Work out the **meaning** of the rest of the sentence.
2 Look at the **grammar** (e.g. Do you need a verb, a noun or an adjective? Masculine / feminine? Singular / plural?)
3 Work through each word to see which one fits.

6 Lee el texto otra vez y busca las frases en español.

1 (we) have our own band
2 I play the drums
3 (he) plays the keyboard
4 he has a beautiful voice
5 I bought a tour t-shirt
6 he sang all my favourite songs

Zona Cultura
Destino: REPÚBLICA DOMINICANA
Ubicación: La isla caribeña de La Española, al este de Haití
Población: 10 millones
Famosa por: El béisbol (deporte nacional)
La bachata y el merengue (baile / música)

el merengue

7 Escribe un texto sobre la música. Usa expresiones de los ejercicios 5 y 6.

> Suelo escuchar... pero (mi hermano) suele escuchar...
> Mi cantante favorito/a es... porque...
> También soy un(a) fan de...
> Toco (la guitarra) / No toco instrumentos.
> (En marzo) fui a un concierto de... Fue (genial) porque...
> Después del concierto...

⭐ Most types of music in Spanish are cognates or near-cognates.

el soul, el rap, el funk, el dance, el hip-hop, el pop, el rock, el jazz, la música clásica, la música electrónica.

When talking about a concert you have been to, use a variety of preterite tense verbs:

Canté y bailé — I sang and danced
Compré... — I bought...
Comí / Bebí... — I ate / drank...
Fue... — It was...

setenta y uno 71

2 ¡Fanático del deporte!

- Talking about sports
- Using the imperfect tense to say what you used to do
- Listening for different tenses

1 escuchar — Escucha y lee. Traduce al inglés los verbos en **violeta** y en **verde**. Luego copia y completa la tabla.

	what they used to do	what they do now
Rocío	c	

Antes **jugaba** al baloncesto, pero ahora **juego** al balonmano. **Rocío**

En el pasado **hacía** patinaje sobre hielo, pero ahora **hago** escalada. **Gloria**

Antes **era** miembro de un club de natación. Ahora **soy** miembro de un equipo de gimnasia. **Joaquín**

Ahora **soy** un fanático del piragüismo, pero antes **jugaba** al fútbol y **era** aficionado del Athletic de Bilbao. **Diego**

antes before
ahora now

2 leer — Lee el texto. Elige el verbo correcto.

En el pasado **1 jugaba / era** al tenis de vez en cuando y también **2 hacía / juego** equitación, pero no **3 era / soy** muy deportista. Sin embargo, ahora **4 soy / jugaba** un fanático del deporte. Ya no **5 hago / hacía** equitación porque es caro, pero **6 juego / soy** miembro de un club de kárate. ¡Me flipa! También **7 juego / jugaba** al rugby a menudo.

⭐ Use **ya no** to say that you no longer do something.
Ya no juego al fútbol. I **no longer** play football.

3 hablar — Con tu compañero/a, haz diálogos.

- ¿Qué deportes hacías en el pasado?
- ¿Qué deportes haces ahora?
- ¿Eres miembro de un club / un equipo?
- ¿Eres aficionado/a de un equipo?

Antes… En el pasado…	Ahora… Ya no…	
era	soy	deportista miembro de… aficionado/a de… un(a) fanático/a de…
jugaba	juego	al balonmano
hacía	hago	piragüismo

G The imperfect tense › Page 216

In Modules 1 and 2 you saw the **imperfect tense** for describing things in the past.
It is also used for saying what you used to do.
Jugaba al baloncesto. **He/She used to play** basketball.

	jug**ar** (to play)	hac**er** (to do/make)	viv**ir** (to live)
(yo)	jug**aba**	hac**ía**	viv**ía**
(tú)	jug**abas**	hac**ías**	viv**ías**
(él/ella/usted)	jug**aba**	hac**ía**	viv**ía**
(nosotros/as)	jug**ábamos**	hac**íamos**	viv**íamos**
(vosotros/as)	jug**abais**	hac**íais**	viv**íais**
(ellos/ellas/ustedes)	jug**aban**	hac**ían**	viv**ían**

The verb **ser** (to be) is irregular in the imperfect:
Era muy deportista. **I used to be** very sporty.

72 setenta y dos

Módulo 4

4 Traduce las frases al español.

1. I'm a sports fanatic and I play football every day.
2. I used to be a member of a basketball team.
3. I no longer do canoeing because it's boring.
4. In the past I used to play volleyball, but now I do athletics.

> Translate as 'a fanatic of sport'.
> Use the imperfect tense of the verb *ser*.
> Look back at exercise 2.
> Are both verbs in the same tense?

5 Escucha. ¿Pasado o presente? Apunta los detalles en inglés. (1–6)

Ejemplo: **1** *past, tennis, 3 times a week*

> ⭐ Listen carefully to work out whether the sports are mentioned in the present or the imperfect.
> Remember that the 'I' form of regular verbs in the imperfect ends in –*aba* or –*ía*.
> Also, listen out for time markers such as *antes, en el pasado, ahora*, etc.

6 Lee el texto y contesta a las preguntas en inglés.

> Cuando era más joven hacía gimnasia a menudo. También jugaba al hockey sobre hielo con mi hermana.
>
> Sin embargo, ya no hago gimnasia porque no tengo tiempo. Ahora juego en un equipo de fútbol femenino. Entreno mucho y suelo tener un partido cada domingo. La temporada pasada marqué un gol en la final y ganamos el campeonato. ¡Qué guay!
>
> Soy aficionada del Barça y mi jugador favorito es el argentino Lionel Messi. ¡Es un crack! Messi ganó el Balón de Oro por primera vez en 2009, aunque lo mejor fue cuando marcó 91 goles en un mismo año y batió el récord.

entrenar	to train
marcar	to score
la temporada	the season

Amaia

1. What did Amaia used to do with her sister?
2. Why does she no longer do gymnastics?
3. What usually happens on Sundays?
4. What happened last season? Give <u>two</u> details.
5. According to Amaia, what was Messi's greatest achievement?

7 Escribe un texto sobre el deporte. Usa el texto del ejercicio 6 como modelo.

Write about:
- Sports you used to do.
- Sports you do / don't do now.
- Whether you are a member of a club / team.
- Your favourite player / team.
- A highlight of their career.

Cuando era más joven…
Ahora… pero ya no…
(No) soy miembro de…
Mi… favorito/a es…
Lo mejor fue cuando (ganó / batió / marcó) …

> ⭐ Take care to choose the correct **tense** and **person** of the verb.
> Use the **present** tense for what you do now.
> Use the **imperfect** tense for what you used to do.
> Use the **preterite** tense for completed actions in the past.

setenta y tres **73**

3 #Temas del momento

- Talking about what's trending
- Using the perfect tense
- Listening for clues

1 Lee los tuits. Busca las expresiones en español.

Daniela @DaniJsevilla
No he visto la nueva peli de Jennifer Lawrence, pero **he comprado** el CD de la banda sonora. Es superguay. #TemasDelMomento

Juana @JMtopbajista
#temasdelmomento ¿**Has leído** la última novela de Ruiz Zafón? Creo que es increíble.

Ignacio Torres @NachoTgamer
¿**Has jugado** al videojuego *Gladiador Valiente*? #temasdelmomento ¡Me flipa!

Aitor @AitorP-Getxo
En mi página de Facebook **he compartido** las fotos de mi cumpleaños. ¡Fiesta loca! También **he subido** un vídeo.

Marina López @mariluzL
¿**Has escuchado** la nueva canción de Paloma Faith? **He descargado** su álbum y es fenomenal.

temas del momento	trending topics
la banda sonora	sound track
loco/a	mad/crazy

1. I have uploaded
2. I have bought
3. I have shared
4. I have downloaded
5. I haven't seen
6. Have you listened to…?
7. Have you played…?
8. Have you read…?

2 Escucha. Copia y completa la tabla. (1–5)

	have you…?	answer
1	bought new edition of your favourite magazine	b

a **He perdido** mi cámara.
b **He gastado** todo mi dinero.
c **He hecho** los deberes de matemáticas.
d **He visto** la película dos veces.
e No **he leído** el correo electrónico.

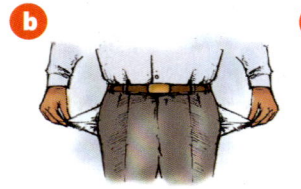

3 Con tu compañero/a, haz diálogos.

- ● ¿Qué música has escuchado esta semana?
- ■ He escuchado la nueva canción de… En mi opinión, es…

¿Qué películas ¿Qué libros ¿Qué música ¿Qué videojuegos ¿Qué aplicaciones	has	visto leído escuchado comprado descargado	esta semana? este mes? este año?
He (comprado)		el nuevo álbum / libro de… la nueva canción / película de…	

G The perfect tense ▶ Page 207

This is used to talk about what you *have done*.
Use the present tense of the verb **haber** + **past participle**.

(yo)	**he**	escuch**ado**
(tú)	**has**	beb**ido**
(él/ella/usted)	**ha**	compart**ido**

To form the past participle, remove the **–ar**, **–er** or **–ir** from the infinitive and add:

- **–ado** (**–ar** verbs)
- **–ido** (**–er** / **–ir** verbs)

Some past participles are irregular, including:
- **hacer** (to do / make) → **hecho**
- **ver** (to see / watch) → **visto**

setenta y cuatro

Módulo 5

3 Escucha y escribe las dos letras correctas. ¡Ojo! Sobra una letra en cada lista. (1–4)

Ejemplo: **1** e + …

a shopping
b people
c music and culture
d food
e architecture
f it was cheap
g there were good opportunities to practise
h it was impressive
i it was too complicated
j there wasn't much variety

la plaza de Armas, Arequipa

⭐ In this type of task, you won't often hear the exact translation of the words in the question. You need to understand the message as a whole to choose the correct answers. Remember also, the answer options will usually include 'distractors'.

4 Con tu compañero/a, habla sobre una visita a una ciudad. Usa los dibujos o tus propias ideas.

- ¿Adónde fuiste?
- ¿Qué tal tu visita a <u>Londres</u>?
- ¿Visitaste la ciudad a pie?
- ¿Qué tiempo hizo?
- ¿Qué tal la comida?
- ¿Qué te gustó?

- ¿Volverás algún día?

■ Fui a <u>Londres</u>.
■ ¡Fue…!
■ Sí, visité… a pie / Fui a… Vi…
■ Hizo…
■ La comida estaba…
■ Me gustó <u>el Big Ben</u> / Me gustaron <u>los taxis</u>… pero había…
■ Sí, volveré… iré a… visitaré…

⭐ Extending your answers is an important skill to develop for your exam. When asked a question, add an opinion, a reason or extra information. Can you find one example of each in the text in exercise 1?

5 Traduce las frases al español.

mucho, mucha, muchos or *muchas*?

Do you need the preterite or the imperfect here? Use *estar* to describe food.

1 Last year I visited Santander with my family.
2 I saw a lot of interesting places.
3 We did a guided tour and it was great.
4 The food was delicious and I liked the bike trip.
5 Next year I will go to Italy.

Use the preterite here.

How did you say 'boat trip' in Unit 2?

Use the future here.

ciento uno 101

Módulo 5 — Leer y escuchar

1 leer — De compras en el Corte Inglés

Estás en unos grandes almacenes en Barcelona.
Mira el plano.

CENTRO COMERCIAL PLAÇA DE CATALUNYA
Departamentos por plantas

Planta	Departamentos
4	Espacio de cine / Espacio de música / Librería
3	Textil hogar / Decoración / Muebles
2	Artículos de viaje / Moda hombre / Material deportivo
1	Moda mujer / Zapatería
B	Cosmética / Joyería
S1	Accesorios para mascotas / Supermercado / Panadería / Pastelería

⭐ Don't panic if you don't understand every word here. Read each question and work out the overall sense. Then look for a corresponding department. Even if you are not completely sure, never leave a question blank.

¿A qué planta va cada persona?
Escribe el número / la letra de la planta correcta.

1. Iván, tu amigo — Antes de ir de vacaciones necesito comprar un nuevo pantalón corto.
2. Sra. Benítez — ¡Ay! No hay nada en el frigorífico.
3. Aurelia — Quiero comprar maquillaje.
4. Sr. Benítez — Estoy buscando la última novela de Carlos Ruiz Zafón.

2 leer — Un chat

Entras en un chat donde unos jóvenes hablan de sus preferencias de compras.
Lee lo que dicen.

Nora
Suelo ir al centro comercial, donde mis amigos y yo pasamos la tarde.

Juan
Siempre busco gangas en el mercado. ¡Me gusta encontrar los precios más bajos!

Daniel
Nunca salgo para ir de compras. Me gusta más comprar por Internet.

Serena
Odio hacer cola en los grandes almacenes, pero me chiflan las pequeñas tiendas de moda.

¿Dónde les gusta comprar? Contesta a las preguntas en español.

Ejemplo: Nora — centro comercial
Juan
Daniel
Serena

⭐ Pay close attention to the question *¿Dónde les gusta comprar?* as this tells you which type of information you need. Then follow the example and lift the answers from the text; you never need a full sentence for this type of question.

Módulo 5

3 leer — Arrival in Trondheim

Read this extract from the novel *Donde aprenden a volar las gaviotas* by Ana Alcolea. Then answer the questions which follow in **English**.

> Tuve que coger un tren y tres aviones desde Zaragoza hasta Trondheim, que está en el centro de Noruega y es la tercera ciudad del país. Llegué después de pasear todo el día entre nubes y aeropuertos. Me esperaba toda la familia: el padre, que se llamaba Ivar; Inger, la madre, y Erik, el hijo, que me llevó las maletas hasta el coche. La primera impresión que tuve de Noruega fue que a finales de junio hacía frío, y la segunda que había mucha luz, a pesar de llegar a las once y media de la noche.

1. Where exactly is Trondheim?
2. How long did it take the writer to get there?
3. Who met him on arrival?
4. What was his first impression?

⭐ Use the questions to help you focus on the information you are looking for.

You do not have to write whole sentences. Use your knowledge of cognates too. What do you think 'Noruega' might mean?

1 escuchar — Shopping trip

Listen to your friend Mariola telling you about a recent shopping trip.

For each question, write the correct letter of the item and the number of the opinion. (1–2)

Item	
A	skirt
B	jeans
C	boots
D	t-shirt

Opinion	
1	the right size
2	too big
3	a great present
4	too tight

2 escuchar — Booking an excursion

Listen to this travel agent explaining about an excursion to Málaga.

1 Which **two** things does she mention?

A	days the trip is available
B	lunch arrangements
C	time of departure
D	time of arrival

2 Which **two** things does she mention?

A	price of the tickets
B	local entertainment
C	shopping
D	where to have dinner

3 escuchar — Radio forum about living in Córdoba

You are listening to a radio programme. People from Córdoba are discussing the best things about living there.

For each speaker, choose the reason and write the correct letter.

A	cuisine
B	people
C	buildings
D	tourism
E	weather

Answer all parts of the question.

a Beatriz
b Gonzalo
c Elena

ciento tres **103**

Módulo 5   Prueba oral

A – Role play

1 Look at this role play card and prepare what you are going to say.

> Your teacher will play the part of the assistant and will speak first.
> You should address the assistant as *usted*.
> When you see this – **!** – you will have to respond to something you have not prepared.
> When you see this – **?** – you will have to ask a question.
>
> Usted está hablando con el empleado / la empleada de una agencia de viajes en España.
> - Una excursión – adónde
> - **!**
> - Qué visitar (**un** sitio)
> - **?** Precio
> - Tu opinión sobre España (**un** detalle)

Be specific here. Name a city in Spain that you want to visit. You could start with *Me gustaría*.

What sort of information might the agent need from you next?

Stick to what you know here. You only need to give one place (castle, museum,…)

A straight forward answer here would be 'I like the…'. Always keep to just one detail, unless asked for more.

Use 'How much…?' to start this question.

2 Practise what you have prepared. Then, using your notes, listen and respond.

3 Now listen to Mark doing the role play task.
- Which excursion does he want to book?
- How does he answer the unexpected question?
- What opinion about Spain does he give?

⭐ In the role play **correct pronunciation** will help you to communicate each message clearly and without ambiguity. As you practise, focus on the pronunciation of each word and make your utterances sound as Spanish as you can.

B – Photo card

Look at the photo and make notes. Your teacher will then ask you questions about the photo and about topics related to **home, town, neighbourhood and region.**

Your teacher will ask you the following three questions and then **two more questions** which you have not prepared.
- ¿Qué hay en la foto?
- ¿Qué es lo bueno de vivir en la ciudad?
- ¿Qué hiciste recientemente en tu ciudad o tu pueblo?

1 Look at the photo and read the task. Then listen to Karolina's response to the first question.
- Name **two** things she says she can see, and **one** she can't
- What does she think the people are doing?
- What season does she think it is?

⭐ You hear Karolina use the following positional phrases. What do they mean?

en primer plano   en el fondo   a la izquierda

Módulo 5

2 Listen to and read how Karolina answers the second question.
1. Fill in the missing words.
2. Look at the Answer booster on page 106. Note down **five** examples of what she says to give a strong answer.

> Give as much detail as you can, by including the opinions of others, especially if they are opposing views. This increases the interest of your answer and the range of language you use.

Para mí, **1** ———— de vivir en la ciudad es que hay mucho que hacer. Se **2** ———— ir al cine o a conciertos. Además, hay **3** ———— tiendas para ir de compras. Sin embargo, mis padres **4** ———— vivir en el campo. En su opinión, la vida en la ciudad es muy ruidosa. En mi opinión, lo malo de vivir en el campo es que es **5** ———— tranquilo y aburrido. En el futuro me **6** ———— vivir en una ciudad, como Bristol o Newcastle.

3 Listen to Karolina's answer to the third question and note down answers to the following questions.
1. When?
2. Where?
3. Why?
4. What did she buy? (**two** details)
5. What did she do next?

4 Prepare your own answers to the first **three** questions. Think about which other **two** questions you could be asked. Then listen and take part in the full photo card discussion.

C – General conversation

1 The teacher asks Leigh '¿Cómo es la ciudad o el pueblo donde vives?'. Which **four** additional hidden questions does she answer?

2 The teacher then asks Leigh '¿Cuál es tu ciudad favorita? y ¿por qué te gusta?'. Listen to Leigh's response and identify the **four** aspects she mentions.

a weather
b buildings
c transport
d why it is special
e a previous visit
f food
g an annual festival

> Improve your answer by mentioning a specific past event or your plans for the future. This helps you to include tenses not explicitly required in the question.

3 Listen to how Leigh answers the next question, '¿Dónde te gusta comprar? ¿Por qué?'. Look at the Answer booster on page 106. Write down **five** examples of what she says to give a strong answer.

4 Prepare your own answers to Module 5 questions 1–6 on page 189. Then practise with your partner.

ciento cinco

Módulo 5 Prueba escrita

Answer booster	Aiming for a solid answer	Aiming higher	Aiming for the top
Verbs	**Different time frames:** past, present, near future **Different types of verbs:** reflexive, stem-changing	**Different persons of the verb:** prefieren, hicimos **Less common verbs:** disfrutar de, probar	**Verbs with an infinitive:** se puede(n), puedes, suelo, me gustaría **Conditional:** me gustaría…
Opinions and reasons	**Verbs of opinion:** Me chifla, Pienso que… Creo que… **Adjectives:** lluvioso/a, conocido/a	**Different opinion phrases with reasons:** (No) Me interesa… porque…	**Opinions:** para mí, en mi opinión **Comparatives:** más cómodo, más barato **Exclamations:** ¡Qué guay!
Connectives	y, pero, también	o, además, sin embargo, sobre todo	**Add more variety:** ya que, así que, aunque
Other features	**Qualifiers:** muy, bastante, demasiado **Sequencers:** primero, luego, después	**Positional phrases:** a la izquierda / derecha, en el fondo **Interesting vocab:** gangas, el ambiente, mucha marcha	**Tan / tanto:** tan tranquilo / tantas tiendas **Complex sentences with cuando, si:** Si hace buen tiempo,…

A – Photo-based task

1 Look at the photo and the task. Write your answer, checking carefully what you have written.

Mandas esta foto por WhatsApp a una amiga española.

Escribe **cuatro** frases en **español** que describan la foto.

Remember to think about these things when you write a description of a photo:

P – People / Things
A – Actions
W – Weather
S – Situation / Location

106 *ciento seis*

Módulo 5

B – Translation

1 Translate the following sentences into **Spanish**:

1. I live in a city in the south of England.
2. I always buy clothing online.
3. We go shopping every weekend.
4. I want to visit the church because it is so pretty.
5. We did lots of things during the visit.

This word is very familiar but check your spelling carefully. (city)

Start your sentence with this and follow it with 'I buy'. (always)

Use either cada… or todos los… here. (every weekend)

Remember to make your adjective agree with 'church'. (pretty)

Remember that hacer (to do) is irregular in the preterite. (We did)

Remember that mucho is an adjective and here needs to agree with the noun 'things'. (lots of)

C – Extended writing task

1 Look at the task and answer these questions.
- What is each bullet point asking you to do?
- Which tense(s) will you need to use to answer each one?

2 Read George's answer at the bottom of this page. What do the phrases in **bold** mean?

3 Look at the Answer Booster. Note down **six** examples of language which George uses to write a strong answer.

4 Prepare your own answer to the task.
- Look at the Answer booster and George's text for ideas.
- Consider how you can develop your answer for each bullet point.
- Write a detailed plan. Organise your answer in paragraphs.
- Write your answer and carefully check what you have written.

> Tu amigo español te pregunta sobre tu ciudad y sobre una ciudad en España que te gustaría visitar. Escríbele un correo electrónico.
>
> Menciona:
> - cómo es tu ciudad / tu pueblo
> - qué hiciste el fin de semana pasado en tu zona
> - tus opiniones sobre las tiendas donde vives
> - una ciudad en España que te gustaría visitar en el futuro, y por qué.
>
> Escribe aproximadamente **90** palabras en **español**.
> Responde a todos los aspectos de la pregunta.

Mi ciudad natal es Newcastle, una ciudad muy grande en el noreste de Inglaterra. Me chifla porque **tenemos de todo**: cultura, deporte, y **playas y montañas cerca**.

El sábado pasado fui con mis amigos a la costa **para pasar el día**. Lo pasamos bomba, ya que hizo mucho sol y calor. Nadé en el mar y **descansé en la playa.**

No suelo ir de compras en la ciudad porque siempre **hay demasiada gente**. Hay un centro comercial enorme, pero prefiero comprar por Internet porque es más cómodo.

En el futuro **me gustaría visitar** Barcelona porque creo que es una ciudad genial. **Se pueden visitar lugares de interés** como la Sagrada Familia y el Camp Nou. ¡Qué guay!

ciento siete 107

Módulo 5   Palabras

En mi ciudad
Hay…
  un ayuntamiento
  un bar / muchos bares
  un castillo
  un cine
  un centro comercial
  un mercado
  un museo / unos museos
  un parque
  un polideportivo
  un puerto
  muchos restaurantes
  un teatro
  una biblioteca
  una bolera
  una iglesia

In my town
There is/are…
  a town hall
  a bar / lots of bars
  a castle
  a cinema
  a shopping centre
  a market
  a museum / a few museums
  a park
  a sports centre
  a port
  lots of restaurants
  a theatre
  a library
  a bowling alley
  a church

  una piscina
  una playa / unas playas
  una plaza Mayor
  una pista de hielo
  (una oficina de) Correos
  una tienda / muchas tiendas
(No) hay mucho que hacer.
Vivo en un pueblo…
Vivo en una ciudad…
  histórico/a / moderno/a
  tranquilo/a / ruidoso/a
  turístico/a / industrial
  bonito/a / feo/a
Está en…
  el norte / el sur
  el este / el oeste
    del país

  a swimming pool
  a beach / a few beaches
  a town square
  an ice rink
  a post office
  a shop / lots of shops
There is (not) a lot to do.
I live in a… village
I live in a… town
  historic / modern
  quiet / noisy
  touristy / industrial
  pretty / ugly
It is in…
  the north / the south
  the east / the west
    of the country

¿Por dónde se va al / a la…?
¿Dónde está el / la…?
¿Para ir al / a la…?
Sigue todo recto
Gira…
  a la derecha / izquierda
Toma la…
  primera / segunda / tercera

How do you get to the…?
Where is the…?
How do I get to the…?
Go straight on
Turn
  right / left
Take the…
  first / second / third

  calle a la derecha
  calle a la izquierda
Pasa…
  el puente / los semáforos
Está…
  cerca / lejos
  enfrente de (la piscina)

  road on the right
  road on the left
Go over…
  the bridge / the traffic lights
It is…
  near / far
  opposite (the swimming pool)

¿Cómo es tu zona?
Está situado/a…
  en un valle
  al lado del río / mar
Está rodeado/a de sierra /
  volcanes
entre
  el desierto
  los bosques
  las selvas subtropicales
  los lagos
Tiene…
  un paisaje impresionante
  lo mejor de una ciudad
El clima es…
  soleado / seco / frío / variable
Llueve a menudo.

What is your area like?
It is situated…
  in a valley
  by the river / sea
It is surrounded by mountains /
  volcanoes
between
  the desert
  the woods
  subtropical forests
  lakes
It has
  an impressive landscape
  the best things of a city
The climate is…
  sunny / dry / cold / variable
It rains often.

Hay mucha marcha.
Es…
  mi ciudad natal
  mi lugar favorito
  famoso/a por…
  un paraíso
Se puede…
  pasar mucho tiempo al aire libre
  apreciar la naturaleza
  subir a la torre
  disfrutar de las vistas
  alquilar bolas de agua
Se pueden…
  practicar ciclismo y senderismo
  try local dishes
  practicar deportes acuáticos

There is lots going on.
It is…
  my home town
  my favourite place
  famous for…
  a paradise
You/One can…
  spend lots of time in the open air
  appreciate nature
  go up the tower
  enjoy the views
  hire water balls
You/One can…
  do cycling and hiking
  probar platos típicos
  do water sports

En la oficina de turismo
¿Tiene…?
  más información sobre
    la excursión a…
  un plano de la ciudad
¿Cuándo abre…?
¿Cuánto cuesta una entrada?

At the tourist office
Do you have…?
  more information about
    the trip to…
  a map of the town / city
When does… open?
How much is a ticket?

para adultos / niños
¿Dónde se pueden
  comprar las entradas?
¿A qué hora sale el autobús?
cada media hora

for adults / children
Where can you
  buy tickets?
What time does the bus leave?
every half an hour

¿Qué harás mañana?
Visitaré la catedral.
Sacaré muchas fotos.
Subiré al teleférico.
Nadaré en el mar.
Descansaré en la playa.
Iré al polideportivo.
Jugaré al bádminton.
Haré una excursión…
  en barco / en autobús
Veré delfines.
Iré de compras.
Compraré regalos.
El primer día

What will you do tomorrow?
I will visit the cathedral.
I will take lots of photos.
I will go up the cable car.
I will swim in the sea.
I will relax on the beach.
I will go to the sports centre.
I will play badminton.
I will go on a… trip
  boat / bus
I will see dolphins.
I will go shopping.
I will buy presents.
On the first day

El segundo día
Otro día
El último día
Si…
  hace sol
  hace calor
  hace mal tiempo
  hace viento
  llueve
  hay chubascos
¡Qué bien!
¡Qué guay!
¡Buena idea!
De acuerdo.

On the second day
Another day
On the last day
If…
  it's sunny
  it's hot
  it's bad weather
  it's windy
  it rains
  there are showers
How great!
How cool!
Good idea!
OK.

ciento ocho

Módulo 5

Las tiendas — *Shops*
- el banco — bank
- el estanco — tobacconist's
- la carnicería — butcher's
- la estación de trenes — train station
- la frutería — greengrocer's
- la joyería — jeweller's
- la librería — book shop
- la panadería — bakery
- la pastelería — cake shop
- la peluquería — hairdresser's
- la pescadería — fish shop
- la zapatería — shoe shop
- sellos — stamps
- horario comercial — hours of business
- de lunes a viernes — from Monday to Friday
- abre a la(s)… — it opens at…
- cierra a la(s)… — it closes at…
- no cierra a mediodía — it doesn't close at midday
- cerrado domingo y festivos — closed on Sundays and public holidays
- abierto todos los días — open every day

Recuerdos y regalos — *Souvenirs and presents*
- ¿Me puede ayudar? — Can you help me?
- Quiero comprar… — I want to buy…
    - el abanico — fan
    - el llavero — key ring
    - el oso de peluche — teddy bear
    - los pendientes — earrings
    - la gorra — cap
    - las pegatinas — stickers
- Es para… — It is for…
- ¿Tiene uno/a más barato/a? — Do you have a cheaper one?
- ¿Cuánto es? — How much is it?

Quejas — *Complaints*
- Quiero devolver… — I want to return…
- Está roto/a. — It is broken.
- Es demasiado estrecho/a / largo/a. — It is too tight / long.
- Tiene un agujero / una mancha. — It has a hole / a stain.
- ¿Puede reembolsarme? — Can you reimburse me?
- Podemos hacer un cambio. — We can exchange (it).
- Aquí tiene el recibo. — Here is the receipt.
- ¿Qué me recomienda? — What do you recommend?
- ¿Qué tal…? — How about…?
- ¿Qué te parece(n)…? — What do you think of…?
- ¿Me puedo probar…? — Can I try on…?
- una talla más grande — a bigger size
- Me lo/la/los/las llevo. — I'll take it / them.

¿Te gusta ir de compras? — *Do you like going shopping?*
- (No) me gusta ir de compras. — I (don't) like going shopping.
- Normalmente voy… — Usually I go…
- Suelo ir… — I tend to go…
    - al centro comercial — to the shopping centre
- Prefiero / Odio comprar… — I prefer / I hate buying…
    - en grandes almacenes — in department stores
    - en tiendas de moda — in fashion shops
    - en tiendas de segunda mano — in second-hand shops
    - en tiendas de diseño — in designer shops
    - en línea — online
    - por Internet — on the internet
- porque… — because…
    - es muy divertido — it's a lot of fun
    - es mucho más cómodo — it's much more convenient
    - hay más variedad — there's more variety
    - puedes encontrar gangas — you can find bargains
    - se puede comprar de todo — you can buy everything
- la ropa alternativa — alternative clothing
- artículos de marca — branded items
- hacer cola — to queue
- esperar — to wait

Los pros y los contras de mi ciudad — *The pros and cons of my town/city*
- Lo mejor de mi ciudad es que… — The best thing about my city is that…
    - hay tantas diversiones — there are so many things to do
    - el transporte público es muy bueno — the public transport is very good
    - las tiendas están tan cerca — the shops are so close
    - hay muchas posibilidades de trabajo — there are lots of job opportunities
- Lo peor es que… — The worst thing is that…
    - es tan ruidoso/a — it's so noisy
    - hay tanto tráfico — there is so much traffic
    - hay tantas fábricas — there are so many factories
    - hay pocos espacios verdes — there are few green spaces
- En el campo… — In the countryside…
    - la vida es más relajada — life is more relaxed
    - no hay tanta industria — there's not as much industry
    - hay bastante desempleo — there is quite a lot of unemployment
    - la red de transporte público no es fiable — the public transport network is not reliable
    - no hay tantos atascos — there are not as many traffic jams
- Necesitamos más… — We need more…
    - zonas verdes — green spaces
    - zonas peatonales — pedestrian zones
    - rutas para bicis — cycleways

Destino Arequipa — *Destination Arequipa*
- Vi sitios de interés. — I saw some sights.
- Hicimos una visita guiada. — We did a guided tour.
- Visité el centro a pie. — I visited the centre on foot.
- Alquilé una bici de montaña. — I hired a mountain bike.
- Subí a… — I went up to…
- Aprendí mucho. — I learned a lot.
- Comí pollo y patatas. — I ate chicken and potatoes.
- Probé el rocoto relleno. — I tried stuffed peppers.
- Había vistas maravillosas. — There were amazing views.
- La ciudad era muy acogedora. — The city was very welcoming.
- La gente era abierta. — The people were open.
- La comida estaba muy buena. — The food was very good.
- Me gustó (el clima). — I liked (the climate).
- No me gustaron (los taxis). — I didn't like (the taxis).
- ¡Qué miedo! — What a scare!
- Volveré algún día. — I will go back some day.
- Visitaré otras ciudades. — I will visit other cities.
- Iré a (Trujillo). — I will go to (Trujillo).

ciento nueve 109

6 De costumbre
Punto de partida 1

- Describing mealtimes
- Talking about daily routine

1 Escucha. Copia y completa la tabla. (1–2)

	el desayuno	la comida / el almuerzo	la merienda	la cena
Zoe	6.00 – f, …			
Leo				

1.15   2.30   2.45   5.30
6.00   6.45   9.30   10.00

⭐ Make sure you can use and understand clock times.

a la una…	at one o'clock
a las dos…	at two o'clock
…y cinco / diez	at five / ten past…
…y cuarto	at quarter past…
…y media	at half past…
…menos veinte	at twenty to…
…menos cuarto	at quarter to…

2 Con tu compañero/a, haz diálogos.

● ¿A qué hora <u>desayunas</u>?
■ Todos los días <u>desayuno</u> a las…
● ¿Qué <u>desayunas</u>?
■ Normalmente <u>desayuno</u>…, pero a veces…

3 Lee las frases y mira tus respuestas al ejercicio 1. Escribe Zoe o Leo.
¿Qué significan las palabras en **negrita**?

a Ceno **muy tarde** por la noche.
b **Tomo algo dulce** por la mañana.
c Soy vegetariano.
d Meriendo **algo rápido**.
e **No tengo mucha hambre** por la tarde.
f Siempre desayuno **muy temprano**.

¿A qué hora ¿Qué	desayunas? comes? meriendas? cenas?
Desayuno… Como…	a las ocho al mediodía
Meriendo… Ceno…	cereales, churros, tostadas, un huevo, un yogur, un pastel, un bocadillo, carne, pollo, pescado, sopa, paella, tortilla, ensalada, verduras, leche, café, té, zumo de naranja

4 Escribe un texto sobre las comidas en tu casa. Usa las frases del ejercicio 3.

Normalmente desayuno a las… Desayuno (cereales) o…
Como a las… A veces como algo… por ejemplo, …

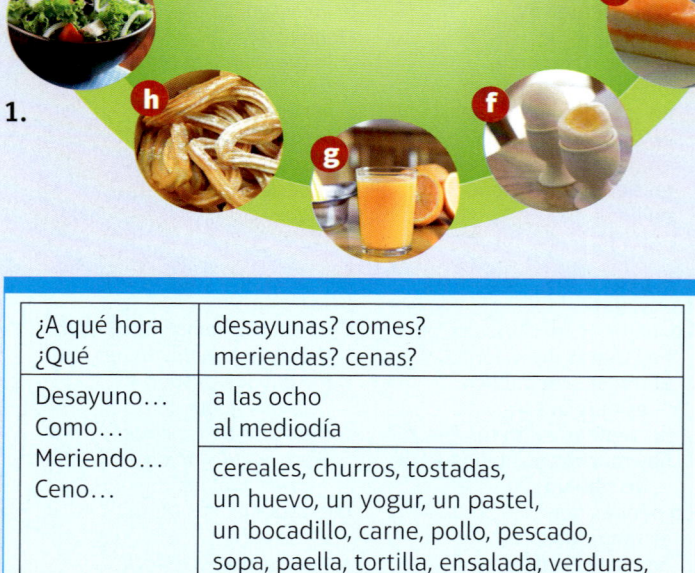

⭐ In Spanish there are different verbs for each meal:
desayunar to have breakfast / to have… for breakfast
comer to have lunch / to have… for lunch
merendar to have tea / to have… for tea
cenar to have dinner / to have… for dinner
You can also use the word **tomar**, which means 'to have' (food / drink).

110 ciento diez

Módulo 6

5 Escucha y lee. Escribe las letras en el orden correcto. Apunta <u>un</u> detalle para cada dibujo.

Ejemplo: d – 6.20, i – in the kitchen, …

> **Me despierto** a las seis y veinte y **me levanto** enseguida. Es muy temprano. Primero, voy a la cocina donde **desayuno**. Entonces, a las siete menos cuarto, **me ducho**. También **me afeito** si tengo tiempo. **Me visto** en mi dormitorio, y después **salgo de casa** a las siete y cuarto para coger el autobús.
>
> Por la tarde **vuelvo a casa** a las cuatro y media, o más tarde si tengo actividades deportivas. Finalmente, después de la cena, **me lavo los dientes,** y luego **me acuesto** a las once menos cuarto.
>
> **Gabriel**

| enseguida | straight away |

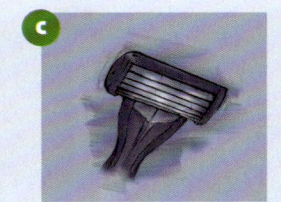

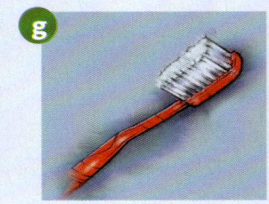

6 Lee el texto del ejercicio 5 otra vez. ¿Qué significan las expresiones en **negrita**?

7 Escucha. ¿Qué habitación es? (1–5)

A el comedor
B el salón
C el cuarto de baño
D la cocina
E mi dormitorio

| charlar | to chat |

Reflexive verbs > Page 201

Remember, many daily routine verbs are reflexive in Spanish.

*Levantar**se*** (to get up) is a reflexive *–**ar*** verb.

me levant**o**	I get up
te levant**as**	you get up
se levant**a**	he/she gets up
nos levant**amos**	we get up
os levant**áis**	you (plural) get up
se levant**an**	they get up

Remember that lots of daily routine verbs are also stem-changing.

*Me ac**ue**sto temprano.*   I go to bed early.

Which reflexive verbs are mentioned in exercise 7?

8 Escucha otra vez. Escribe los verbos en español.

Ejemplo: **1** *preparo, …*

9 Con tu compañero/a, habla de tu rutina diaria durante un minuto.

● *Me despierto a las… ¡Es muy temprano! Primero voy… donde…*

★ To make your language more interesting:
- use sequencers *(Primero… y luego…)*
- use connectives such as *si* and *donde* *(Si tengo… Voy al salón donde…)*
- add opinions *(Es muy tarde)*

ciento once **111**

Punto de partida 2

- Talking about illnesses and injuries
- Asking for help at the pharmacy

1 Lee los textos y escribe la letra correcta.

1 No me encuentro bien. Tengo tos y tengo dolor de garganta.

2 Estoy enfermo. Tengo un resfriado y tengo mucho sueño.

3 Estoy muy cansada. Creo que tengo una insolación.

4 Tengo fiebre – primero tengo calor y luego tengo frío.

a   b   c   d

2 En la farmacia. Escucha y apunta los detalles en español. (1–5)

Ejemplo: **1** *fiebre, dos días*

(No) me encuentro bien / mal	
Estoy	cansad**o**/**a**, enferm**o**/**a**, fatal
Tengo	calor, frío, fiebre, sueño, dolor de…, un resfriado, una insolación, tos
¿Desde hace cuánto tiempo?	Desde hace… un día / un mes una hora / una semana quince días dos horas/días/semanas más de…

⭐ Remember to use **estar** for temporary states and feelings.

Estoy enfermo. I **am** ill.

Use **tener** to say that that you have something, but also for certain expressions where English uses the verb 'to be'.

Tengo un resfriado. I **have** a cold.
Mi madre **tiene** sueño. My Mum **is** sleepy.

3 Escribe consejos para las personas del ejercicio 1.

Tiene(s) que Hay que	beber mucha agua descansar tomar este jarabe / estas pastillas tomar aspirinas ir al hospital / médico / dentista

4 Estás en la farmacia. Con tu compañero/a, haz diálogos.

- Estoy enfermo/a.
- ¿Qué le pasa?
- Estoy / Tengo… Además, …
- ¿Desde hace cuánto tiempo?
- Desde hace…
- Hay que… También tiene que…
- Muchas gracias.

💬 When saying new words, apply the pronunciation rules you know.

How do you pronounce…?

aspirinas   jarabe   pastillas   hospital

Módulo 6

5 Escucha y escribe las letras en el orden correcto. (1–3)

- a la espalda
- b los oídos / las orejas
- c los dientes / las muelas
- d la mano
- e el brazo
- f la nariz
- g los ojos
- h la cabeza
- i la boca
- j la garganta
- k el estómago
- l la pierna
- m el pie

🇪🇸 Zona Cultura

La Tomatina es una fiesta que tiene lugar en Buñol (Valencia) el último miércoles de agosto. Cada año, los 20.000 participantes lanzan más de 150.000 tomates en una hora. Después de la batalla, las calles están cubiertas de jugo de tomate.

el cuerpo	body
¡Qué asco!	How disgusting!
¡Qué risa!	What a laugh!

6 Escucha. Apunta los detalles en inglés. (1–5)

- problem
- advice given

¿Qué te duele? / ¿Qué te pasa?		
Me	duele… duelen…	el pie los ojos la garganta las muelas etc.
Me he	roto… cortado… quemado…	

⭐ To say that something hurts use **tengo dolor de**.
Tengo dolor de cabeza.   I've got a headache.
You can also use the stem-changing verb **doler** (to hurt). It works like **gustar**.
Me duele **la** espalda.   My back hurts.
¿**Te** duele**n los** pies?   Do your feet hurt?
To say you have broken/cut/burnt something, use the **perfect tense**.
Me he roto la pierna.   I have broken my leg.

7 Traduce las frases al español.

1 I am ill. My stomach aches. *(Me duele or me duelen?)*
2 I'm sleepy and I have a temperature. *(Estoy or Tengo?)*
3 I've had a cold for more than a week. *(Use desde hace.)*
4 I think that I have broken my arm. *(Use me he…)*
5 I've cut my foot and I have to rest. *(Don't forget the word que.)*

ciento trece 113

1 Dietas del mundo

- Talking about typical foods
- Using *me gusta / me gustaría*
- Using quantity expressions

1 Escucha y escribe las <u>dos</u> o <u>tres</u> letras correctas para cada persona. (1–6)

¿Qué comen los españoles?

La dieta mediterránea tradicional es popular en España. Incluye…

frutas:
- a naranjas
- b manzanas
- c plátanos

verduras:
- d tomates
- e pimientos
- f cebollas

y también:
- g aceite de oliva
- h marisco
- i arroz

Sin embargo, hoy en día muchos españoles también comen más…

dulces:
- j pasteles
- k galletas

carne roja:
- l chorizo
- m bistec

y comida rápida:
- n hamburguesas
- o patatas fritas

2 Escucha otra vez. Escribe la razón en inglés.

Ejemplo: **1** quick

Soy	goloso/a, alérgico/a
Es	sano/a(s), rápido/a(s)
Son	rico/a(s), picante(s)

3 Mira la foto y lee la lista. Escribe las <u>cinco</u> letras correctas.

- a veinte litros de agua
- b un paquete de azúcar
- c seis latas de cerveza
- d una caja de cereales
- e cien gramos de mantequilla
- f una docena de huevos
- g quinientos gramos de harina
- h dos botellas de refrescos
- i dos barras de pan
- j un kilo y medio de zanahorias

4 Escucha y comprueba. Luego escribe el país correcto para las cinco letras que sobran.

Ejemplo: France **a**

⭐ Words for quantities or containers are followed by *de*. What do the <u>ten</u> examples in exercise 3 mean?

¿Qué consume una familia típica cada semana?

Cuba

ciento catorce

Módulo 6

5 Escribe una lista de la compra para tu familia. Incluye <u>ocho</u> productos para una semana típica.

Dos paquetes de galletas
Un kilo y medio de manzanas

6 Escucha y lee. Luego copia y completa la tabla en inglés.

dish	origin	description	ingredients
el chairo	Bolivia	hot dish	

¿Cuál es tu plato favorito?

¿Qué plato te gustaría probar?

el chairo

Mi plato favorito es **el chairo**, que es típico de Bolivia. Es un plato caliente que contiene zanahorias, cebolla, carne de ternera y patatas. Me gusta mucho porque es rico.

Me gustaría probar **la paella**, un plato tradicional que es típico de Valencia. Contiene arroz, judías verdes y pimientos. Hay versiones diferentes, pero normalmente contiene marisco y también pollo.
Edurne

Mi plato favorito es **el gazpacho**. Es un tipo de sopa fría y es muy típica de Andalucía. Contiene tomates, cebolla, pepino, ajo, pimientos y pan. Me gusta, ya que es muy refrescante cuando hace calor.

el borí borí

Me gustaría probar **el borí borí**, un tipo de sopa que es muy típica de Paraguay. Contiene harina, queso y pollo.
Adrián

| el ajo | garlic |
| refrescante | refreshing |

7 Describe los platos. Tu compañero/a los adivina.

- Es un tipo de <u>postre</u>. Es un plato <u>típico de</u>… Contiene…
- ¿Es…?

Toad in the hole

Shepherd's pie

Espaguetis a la boloñesa

Chicken korma

Bread and butter pudding

Es	un tipo de	bebida, sopa comida, postre
	un plato	caliente / frío / picante típico de (Italia / Inglaterra, etc.)
Contiene(n)		carne de cerdo / cordero / ternera, pasta, guisantes, pepino, ajo, queso, salchichas, pollo, etc.

8 Escribe un texto. Usa los textos del ejercicio 6 como modelo.

Mi plato favorito es…
Es un tipo de… que es típico de…
Contiene… Me gusta porque…
Me gustaría probar…
Es… Contiene…

G Me gusta / Me gustaría

Use **me gusta(n)** to say what you **like** (the present tense).
Me gusta la tortilla española.   **I like** Spanish omelette.
Use **me gustaría** + **infinitive** to say what you **would like** to do (the conditional).
Me gustaría probar la paella.   **I would like to try** paella.

ciento quince

2 ¡De fiesta!

- Comparing different festivals
- Using verbs in the 'we' and 'they' form
- Working out the meaning of new words

1 Escucha y lee. Busca los verbos en español.

Fiestas curiosas
¡Las fiestas más raras de España!

El 28 de diciembre, en el pueblo de Ibi **celebramos** la fiesta de **Els Enfarinats**. **Participamos** en una gran batalla en la que **lanzamos** huevos y harina. Es una tradición con más de 200 años de historia.

En julio siempre **vamos** a Pamplona para celebrar **los Sanfermines**, cuando más de un millón de personas visitan la ciudad. **Llevamos** ropa blanca con un pañuelo rojo, y **corremos** delante de los toros.

En **las Hogueras de San Juan**, en Alicante, **hacemos** 'hogueras' (enormes figuras de madera y cartón). Luego las **quemamos** el 24 de junio. También **vemos** los desfiles y los fuegos artificiales.

el pañuelo	neck scarf / handkerchief
el desfile	procession
la hoguera	bonfire
los fuegos artificiales	fireworks

1 we make
2 we celebrate
3 we throw
4 we burn
5 we run
6 we go
7 we wear
8 we watch
9 we participate

⭐ To help you understand new words when reading a text, **use the four Cs**!
1 **Clues** (e.g. photos, the word box)
2 **Cognates** (e.g. *enormes figuras*)
3 **Context** (e.g. *llevamos ropa*)
4 **Common sense** (e.g. which text will include 'run'?)

G Using verbs in the *we* and *they* form ▶ Page 198

In the present tense, all 'we' form verbs end in **–mos**. All 'they' form verbs end in **–n**.

	we	they
–ar verbs	–amos	–an
–er verbs	–emos	–en
–ir verbs	–imos	–en

Lanzamos… y vemos…   We throw… and we watch…
Lanzan… y ven…   They throw… and they watch…

Take care with irregular verbs.
E.g. **somos** (we are) → **son** (they are)

How many verbs in the 'they' form can you spot in exercise 3?

2 Escribe los nueve verbos del ejercicio 1 en la forma *'they'*.
Ejemplo: **1** *hac*emos → *hac***en**

3 Escucha y apunta (a) ¿cuándo es la fiesta? (b) las letras correctas. (1–2)

1 las Fallas (Valencia)
2 la Feria de Abril (Sevilla)

a b  c  d  e  f

116 *ciento dieciséis*

Módulo 6

4 Con tu compañero/a, habla de las fiestas de los ejercicios 1 y 3.

- Me gustaría ir a las Fallas.
- Es…
- Muchas personas llevan…
  También, las familias ven…

■ ¿Dónde/Cuándo es la fiesta?
■ ¿Cómo celebran esta fiesta?

5 Lee el texto y elige la opción correcta.

¿Qué sabes del Día de Muertos?

1 Celebramos el Día de Muertos el [31 de octubre / 1 y 2 de noviembre].
  Coincide con la fiesta católica de Todos los Santos.

2 Esta costumbre es muy popular en [Inglaterra / México], pero también en muchos otros países del mundo.

3 Durante esta fiesta, muchas personas decoran [las tumbas con velas y flores / las casas con linternas de calabaza].

4 En casa [vemos películas de terror / preparamos un altar de muertos] y comemos [pan de muerto / manzanas de caramelo].

5 Los niños llevan un disfraz de [bruja o monstruo / calavera].

6 También salen a la calle, donde [ven los desfiles con sus padres / juegan a 'truco o trato' con sus amigos].

un disfraz de calavera

un altar de muertos

la tumba	grave
la vela	candle
la calabaza	pumpkin
el disfraz	(fancy dress) costume

6 Escucha y comprueba tus respuestas.

7 Escribe un texto sobre el Día de Muertos y Halloween.

To talk about the Day of the Dead:
- use 'they' form verbs.
- use vocabulary from exercise 5.

To talk about Halloween:
- use 'we' form verbs.
- use the left over pink expressions from exercise 5.
- add details about other things you do (e.g. bonfire, fireworks).

Say which you prefer and why.

En México celebran el Día de Muertos el… de…
Sin embargo, en Inglaterra celebramos Halloween…
En el Día de Muertos, los niños… Las familias…
Además, muchas personas…
En Halloween, … También…
Prefiero… porque…

⭐ To say which one you prefer, use phrases such as:
- **es más** divertido / emocionante / animado — it's more fun / exciting / lively
- **es una fiesta para** niños / familias / todos — it's a festival for children / families / everyone

ciento diecisiete **117**

3 Un día especial

- Describing a special day
- Using reflexive verbs in the preterite
- Inferring meaning in a literary text

1 Lee y escribe el número y la letra correctos para cada texto. Sobra una letra.

¿Qué día fue ayer? ¿Qué hiciste para celebrar el día?

Ayer fue ———. Celebramos el final del mes de Ramadán con una rutina especial. Me desperté muy temprano, recé, me bañé y me vestí con mi mejor ropa. Desayuné algo dulce y luego fui a la mezquita. Después, visité a los amigos.
Mariam

Ayer fue ——— y por eso llevé ropa interior roja – ¡una tradición muy rara! A medianoche comí doce uvas (para tener buena suerte en el año nuevo), y mis padres bebieron 'cava', que es similar al champán. Todos nos acostamos muy tarde.
Alba

Ayer fue ———, y por eso hicimos una cena especial con toda la familia. Cenamos bacalao y pavo, y luego comimos 'turrón' (un dulce de Navidad). Después, fuimos a la iglesia, donde cantamos villancicos. Fue genial.
Fer

1 Nochebuena (24 de diciembre) 2 Eid al-Fitr 3 Domingo de Pascua 4 Nochevieja (31 de diciembre)

a b c d

2 Escucha. ¿Qué día especial celebraron ayer? (1–6)
Ejemplo: **1** Nochebuena

las uvas	grapes
recé	I prayed
el bacalao	cod
el pavo	turkey

3 Escucha a Daniel y completa las frases en inglés. (1–5)

1 Yesterday he celebrated… and…
2 He got up early and then…
3 At the ceremony he had to…
4 At the party they all… and…
5 He received lots of cards and…

⭐ To talk about family celebrations you tend to use a mixture of the 'I' and 'we' form of verbs.
Comí doce uvas.   **I** ate twelve grapes.
Cantamos villancicos.   **We** sang carols.

G Preterite tense of reflexive verbs ▶ Page 202

Reflexive verbs follow the same pattern as other verbs in the preterite tense, but need a reflexive pronoun in front of the verb.

me acosté   **nos** acostamos
te acostaste   **os** acostasteis
se acostó   **se** acostaron

4 Habla de tu día especial de ayer. Tu compañero/a cierra el libro y adivina qué día fue.

● Ayer <u>comí huevos de chocolate</u>.
■ ¿Fue <u>Domingo de Pascua</u>?
● Sí. Ayer <u>fui</u>…

Módulo 6

5 Traduce las frases al español.

1. Yesterday it was the **School Prom**.
2. First I had a shower and **did my make up**.
3. Then I **got dressed**. I **wore** my new dress.
4. **We had dinner**, danced and took lots of photos.
5. At midnight **I returned home** and went to bed.

> Proms don't really exist in Spain, so there isn't a word for this. Use the phrase *el baile de fin de curso* to explain what you mean.

> Use the reflexive verb *maquillarse (me maquill_)*.

> Careful – only one of these is a reflexive verb!

> Use the 'we' form. Which verb do you need here?

> Use *volver a casa* with the correct verb ending.

6 Lee los dos extractos de la novela. Escribe las letras correctas.

Una madre de Alejandro Palomas

En el comedor, mamá cuenta uvas y yo preparo las servilletas rojas. En la cocina se enfría la sopa de verduras y un asado de pavo.

Barcelona. Hoy es 31 de diciembre.

–Vamos a ser cinco personas –dice mamá. Sin contar a Olga. –Olga es la novia de Emma.

–Sin embargo, tío Eduardo llegará un poco más tarde, porque su vuelo lleva retraso –aclara.

* * * * *

Olga y Silvia ponen platos y copas en el lavavajillas y preparan el cava, las uvas y el turrón.

Instantes después suena un pequeño tintineo en mi móvil. Lo saco del bolsillo y veo un WhatsApp. Es de ella. "Si es niña, se llamará Sara".

Alejandro Palomas

sin contar	without counting
el vuelo	flight
el bolsillo	pocket

1. For the main course, they are going to have…
   a meat.
   b fish.
   c meat and fish.

2. <u>Including</u> Olga, there will be…
   a four people.
   b five people.
   c six people.

3. Emma and Olga are…
   a mother and daughter.
   b sisters.
   c a couple.

4. Uncle Eduardo is…
   a not coming.
   b arriving late.
   c already there.

5. In the second extract Olga and Silvia are…
   a preparing for midnight.
   b preparing dinner.
   c eating dinner.

6. The person who has sent the WhatsApp message…
   a is called Sara.
   b is going to give Sara a call.
   c is going to name her baby 'Sara', if it's a girl.

> ⭐ When reading extracts from novels or plays, first look at the questions to give you an idea of the structure of the story, the characters, etc.
>
> You often have to 'read between the lines' to infer what is being said. For example, what can you deduce from these details?
>
> *preparan el cava, **las uvas** y el turrón*   (question 5)
> ***Si** es niña, se llamará Sara.*   (question 6)

ciento diecinueve **119**

4 ¡A comer!

- Ordering in a restaurant
- Using **estar** to describe a temporary state
- Understanding adjectives ending in **–ísimo**

1 Escucha. ¿Quién habla? Escribe la letra correcta. (1–6)

a No como ni carne ni pescado.

b Quiero reservar una mesa al aire libre.

c Vamos a celebrar un día especial con toda la familia.

d Es para el Día de San Valentín.

e Soy alérgico al gluten.

f No tengo mucho dinero.

2 Lee los anuncios. ¿Qué restaurante recomiendas para cada persona del ejercicio 1?

1 Restaurante El Faro

En el restaurante El Faro te espera un ambiente acogedor. El destino ideal para disfrutar del marisco y del pescado. Espectacular terraza exterior.

Apto para celiacos e intolerancias alimentarias.

2 Parrilla Río Plata

¿Quieres probar los filetes de ternera más suculentos de Madrid?
Con su iluminación suave es el lugar perfecto para una cena romántica. Salón privado disponible para fiestas familiares, bodas, comuniones, etc.

3 Bufé Libre Estrella

No hay mejor sitio para comer bien y barato. Puedes disfrutar de una amplia selección de pastas, pizzas, ensaladas, carnes y platos vegetarianos. Ofertas especiales cada día.

Menú infantil: 4 €

3 Lee el menú. Luego escucha el diálogo y rellena los espacios en blanco.

- Buenos días. ¿Qué va a tomar?
- *De primer plato voy a tomar* **1** _____.
- Muy bien. ¿Y de segundo plato?
- *¿Qué me recomienda?*
- Le recomiendo la especialidad de la casa, **2** _____. Está riquísimo.
- *Bueno, voy a tomar* **3** _____, *entonces.*
- ¿Y para beber?
- **4** _____, *por favor.*
- Muy bien. ¡Que aproveche!

****

- ¿Quiere postre?
- *Sí, voy a tomar* **5** _____.
- ¿Algo más?
- *Nada más, gracias. ¿Me trae la cuenta, por favor?*

MENÚ DEL DÍA

Primer plato
Albóndigas
Gambas al ajillo
Croquetas de atún
Jamón serrano

* * *

Segundo plato
Calamares con patatas
Filete de cerdo
Chuletas de cordero
Tortilla de champiñones

* * *

Postre
Flan, melocotón, piña o fresas

* * *

pan, agua y vino o cerveza

4 Con tu compañero/a, haz diálogos. Cambia los detalles del ejercicio 3.

> Adjectives ending in **–ísimo** suggest that something is *really/extremely* (nice/cheap, etc). Like all adjectives, they agree with the noun.
> *Las gambas están buen***ísimas**.   The prawns are **extremely** good.

120 *ciento veinte*

Módulo 6

5 Escucha y apunta los detalles en inglés. (1–3)

a food   b drink   c problem

Ejemplo: **1 a** *prawns, omelette, …*

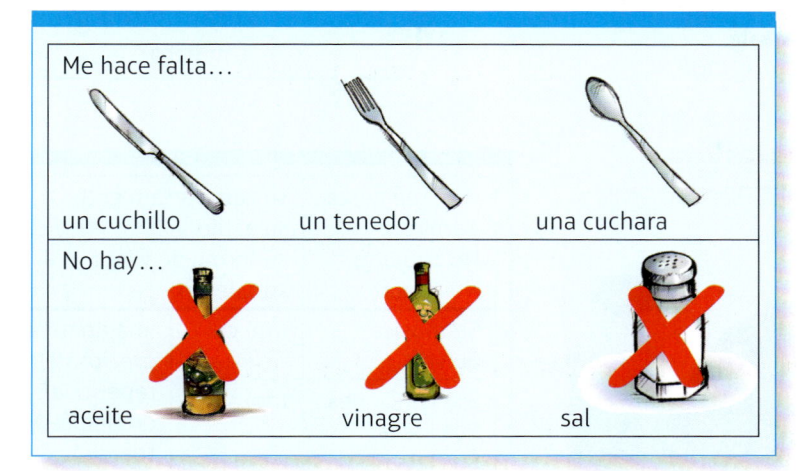

Me hace falta…
- un cuchillo
- un tenedor
- una cuchara

No hay…
- aceite
- vinagre
- sal

- El plato está sucio.
- El vaso está roto.
- El vino está malo.
- La carne está fría.

Lo siento…
Aquí tiene aceite / una cuchara / otro vaso.

6 Con tu compañero/a, haz diálogos.

● ¡Camarero/a! *Me hace falta un tenedor* y *el plato está*…
■ *Lo siento, señor/señora. Aquí tiene… y…*

G Using **estar** to describe a temporary state

Use the verb **estar** (to be) to describe a temporary state.

*El plato **está** sucio.*   The plate **is** dirty.
*La carne **estaba** fría.*   The meat **was** cold.

7 Escribe un diálogo en un restaurante español. Luego haz el diálogo con tu compañero/a.

- Use the dialogue in exercise 3 as a model.
- Include a couple of problems / complaints.

⭐ To make your dialogue more interesting, include some of the other foods/dishes you have seen earlier in this Module. You could also use or adapt phrases from exercise 1 (e.g. the customer has an allergy!).

8 Lee el texto y contesta a las preguntas en inglés.

1 For which occasion did Ana take her mum out for dinner?
2 Name **one** thing she liked about the restaurant.
3 Why did she not order the same thing as her mum?
4 Why was Ana disappointed with her meal?
5 Why didn't she leave a tip? Give **one** reason.

amable	nice/kind
la propina	tip

Platosenlinea.com

Ana Sánchez *(Santander)*

Restaurante Mil Maravillas

Invité a mi mamá a cenar aquí para celebrar el Día de la Madre. Me gustó, ya que el ambiente era animado y todo estaba muy limpio.

El camarero era amable y nos recomendó la especialidad de la casa, las gambas.

A mi madre le encantan las gambas, pero yo soy alérgica al marisco, y por eso pedí pollo asado. Lo malo fue que el pollo estaba frío. Sin embargo, según mi madre, las gambas estaban buenísimas.

Desafortunadamente, el servicio era bastante lento, y cuando finalmente recibimos la cuenta, era carísima: 85 €. ¡No dejé propina!

ciento veintiuno **121**

5 El festival de música

- Talking about a music festival
- Saying 'before' / 'after' (doing)
- Using acabar de + infinitive

1 Escucha y apunta los detalles en inglés. (1–4)

Ejemplo: **1** Likes: Coldplay – music is original
Dislikes: …

¿Cuál es tu cantante / grupo favorito?

Zona Cultura

Cada año en julio, más de 150.000 personas llegan a la costa valenciana para disfrutar del Festival Internacional de Benicàssim (FIB) – cuatro días de música pop, rock, indie y electrónica.

(No) me gusta Admiro No aguanto No soporto	su comportamiento su estilo su forma de vestir su talento	
Su música Su voz	(no) es	imaginativa(s) preciosa(s)
Sus canciones Sus ideas Sus letras	(no) son	repetitiva(s) original(es) triste(s)

2 Lee el programa y la página web. Contesta a las preguntas en español.

Ejemplo: **1** jueves 16 de julio

1 ¿**Cuándo** empieza el festival?
2 ¿**Cuánto** cuestan las entradas más baratas?
3 ¿**Dónde** se puede acampar?
4 ¿**Cómo** se puede viajar en el festival?
5 ¿**Quién** no puede ir al festival solo/a?
6 ¿**Qué** tres artículos son necesarios si hace sol?

fib Benicàssim Costa Azahar
Julio · 16 | 17 | 18 | 19
Entradas desde 40 €

JUEVES 16 — **VIERNES 17** — **SÁBADO 18** — **DOMINGO 19**

LAS PALMAS

FLORENCE + THE MACHINE — **THE PRODIGY** — **BLUR** — **PORTISHEAD**

CRYSTAL FIGHTERS — **NOEL GALLAGHER'S HIGH FLYING BIRDS** — **LOS PLANETAS** — **BASTILLE**

CLEAN BANDIT — JAMIE T — KAISER CHIEFS — VETUSTA MORLA
L.A. — BRODINSKI — TIMO MAAS — MADEON
SWIM DEEP — MOODOÏD — REVEREND & THE MAKERS — AUGUSTINES
TRAJANO! — NUNATAK — BEACH BEACH — DEBIGOTE
ELYELLA DJ'S

FIBERFIB.COM - radio 3

GODSPEED YOU! BLACK EMPEROR — MARK RONSON — FFS (FRANZ FERDINAND & SPARKS)
PALMA VIOLETS — TIGA (DJ) — PUBLIC ENEMY
LA BIEN QUERIDA — FRANK TURNER & THE SLEEPING SOULS — THE CRIBS
EVAN BAGGS — HINDS — MØ
MONKI — EDU IMBERNON — A-TRAK
HAMSANDWICH — THE ZOMBIE KIDS (ARTISTA DESPERADOS) — BELAKO
HOLÖGRAMA — LA M.O.D.A. — HUDSON TAYLOR
PAPAYA

RED BULL TOUR BUS FIBCLUB

DMA'S — NUDOZURDO — DARWIN DEEZ — JOE CREPÚSCULO
OCELLOT — VESSELS — CURTIS HARDING — CROCODILES
THE LAST DANDIES — POLOCK — LOYLE CARNER — NOVEDADES CARMINHA
MOX NOX — PUBLIC ACCESS T.V. — SIESTA! — THE RIPTIDE MOVEMENT
LUIS LE NUIT — ELSA DE ALFONSO Y LOS PRESTIGIO — THE DEATH OF POP — JONATHAN TOUBIN
MIQUI BRIGHTSIDE — LEY DJ — OPATOV — ALDO LINARES
— DIEGO RJ (RADIO 3) — SUNTA TEMPLETON (XFM) — LITTLE JESUS
— — ORLANDO — CELICA XX

VIVIENDO EL FESTIVAL

Campfest: Es la zona de acampada gratuita.
Cómo moverse: Alquila una bici por 40 € (4 días).
Menores de 15 años: Siempre deben estar acompañados de un adulto.
Te hace falta… crema solar, gafas de sol, sombrero/gorra, tapones para los oídos.

3 Con tu compañero/a, haz diálogos.

- ¿Cuál es tu cantante / grupo favorito?
- ¿Qué grupos / cantantes no aguantas?
- ¿Te gustaría ir al Festival de Benicàssim?

■ Mi cantante / grupo favorito/a es… porque…
■ No aguanto a… porque no me gusta…
■ Sí, me gustaría ir el <u>viernes</u> porque me encanta <u>The Prodigy</u>.

Módulo 6

4 Escucha a estas personas que hablan del FIB. Copia y completa la tabla en inglés. (1–6)

	past / present / future	one extra detail
1	future	

> Pay attention to verb forms. In the 'I' form these include:
>
> | present | preterite | near future | future |
> |---|---|---|---|
> | bail**o** | bail**é** | **voy a** bail**ar** | bail**aré** |
> | com**o** | com**í** | **voy a** com**er** | com**eré** |
> | **voy** | **fui** | **voy a ir** | **iré** |
>
> In the 'we' form, –*ar* and –*ir* verbs are identical in the present and preterite:
>
> Cant**amos** y bail**amos**.
> We **sing** and **dance**. / We **sang** and **danced**.
>
> Time phrases **may** give you a clue (e.g. *siempre* often refers to present tense), but not always! E.g. Does *en julio* help you identify the tense?

5 Lee el texto e identifica las <u>tres</u> frases correctas.

Acabo de pasar cuatro días en el Festival de Benicàssim, donde vi muchas de mis bandas favoritas. Soy un fanático de la música *indie*, y por eso fue una experiencia inolvidable. Decidí acampar porque era más barato – ¡aunque no era muy cómodo!

Después de llegar al festival, montamos la tienda. Por desgracia, tuve un accidente. Me corté la mano y tuve que ir al hospital para ver a un médico. ¡Qué tonto!

El segundo día vimos al grupo *Los Planetas*. Empezaron con una canción nueva, antes de tocar una selección de sus mejores canciones. El ambiente era increíble. Durante cuatro días canté mucho, bailé mucho… ¡y comí muchos perritos calientes!

Lo peor fue el calor, y cuando me acosté, decidí dormir fuera de la tienda. Sin embargo, el camping era tan ruidoso que no dormí nada. ¡La proxima vez voy a llevar tapones para los oídos!

Álvaro

montar una tienda	to put up a tent
el perrito caliente	hot dog
fuera (de)	outside

1. Álvaro has mixed feelings about camping.
2. He broke his arm at the festival.
3. *Los Planetas* started their set with a new song.
4. Álvaro enjoyed the weather.
5. He couldn't sleep because of the heat.
6. Next time he's going to wear ear plugs.

> To say that you 'have just' done something use **acabar de** + *infinitive*.
>
> **Acabo de volver** de un festival.
> I've just returned from a festival.

6 Traduce el primer párrafo del texto del ejercicio 5 al inglés.

7 Acabas de ir a un festival de música. Describe tus experiencias.

> Acabo de pasar dos días en el Leeds Festival.
> Soy un(a) fanático/a de…
> Después de llegar / El primer día…
> También vi / comí / bebí / canté / bailé…
> Por desgracia, tuve un accidente / perdí…
> El ambiente era…
> Fue una experiencia…
> La próxima vez voy a…

> **G** *Saying* before / after *(doing)*
>
> To enhance your writing, use these phrases which are followed by the **infinitive**:
>
> **antes de** + **infinitive** — before (doing)
> **después de** + **infinitive** — after (doing)
>
> **Después de llegar** al festival…
> **After arriving** at the festival…

ciento veintitrés **123**

Módulo 6   Leer y escuchar

1 **Nochevieja**
Ves un artículo sobre Nochevieja en una revista.

Suelo pasar el 31 de diciembre en casa de los abuelos con toda la familia. Me encanta porque siempre preparan una cena deliciosa, aunque lo malo es que se acuestan muy temprano.
Maite

Por lo general, paso Nochevieja bailando con amigos en una discoteca. Lo mejor es el ambiente divertido cuando estás con mucha gente, pero por otro lado, es muy caro.
Joseba

Contesta a las preguntas en **español**.
1. ¿Adónde va Maite para celebrar Nochevieja?
2. ¿Cuál es la ventaja de este lugar?
3. ¿Adónde va Joseba para celebrar Nochevieja?
4. ¿Cuál es la desventaja de este lugar?

> Start by working out exactly what information you are asked to give. In your answers you can simply 'lift' words from the text. Make sure you know words like *ventaja* (advantage) and *desventaja* (disadvantage), which are often used in reading exams.

2 **A visit to a festival**
You receive this email from your Argentinian friend, José, who has recently been to the *Fiesta de la Vendimia*.

From: Josvps08@hotmail.com.ar

Subject: ¡Fiesta flipante!

¡Hola!

Acabo de llegar a casa después de pasar una semana en Mendoza para participar en la Fiesta de la Vendimia. Fue una experiencia inolvidable. Vi los desfiles por las calles, por supuesto, pero lo mejor fue el espectáculo de bailes folclóricos que vimos en el Teatro Griego. Fue impresionante porque había más de mil bailarines.

Antes de volver visitamos algunas de las atracciones turísticas más famosas de la región, incluidos el parque General San Martín y el museo del Vino. ¡Qué guay!

Ahora estoy cansadísimo, ya que me levanté muy temprano esta mañana. Además, no dormí nada en el viaje.

Escríbeme pronto.

Un abrazo,
José

Answer the questions in **English**.
1. How long did José spend in Mendoza?
2. Which aspect of the festival did he like most?
3. Why was he impressed by this?
4. What type of museum did he visit?
5. Why is he feeling tired now? Mention **two** reasons.

> Take extra care with questions which include words like 'most', 'best', 'above all', 'especially', etc. (e.g. question 2). These indicate that you need to beware of distractors in the text.

3 You have received this WhatsApp message. Translate it into **English**.

En mi familia el 25 de diciembre es un día importante. Sin embargo, muchas personas abren los regalos el 6 de enero. Este año recibí dinero para Navidad. Creo que voy a comprar entradas para un concierto.

ciento veinticuatro

Módulo 6

1 Nuria's food preferences

Your Spanish friend, Nuria, is coming to stay with you. You ask her what she likes to eat. Answer in **English**.

Example: She eats lots of oranges and grapes.

1. She loves eating ———.
2. Her favourite dish contains ———.
3. She is allergic to ———.

2 Radio discussion about music festivals

You are listening to a radio programme about issues to consider when going to a music festival.

For each speaker choose the issue and write down the correct letter.

- **A** Communication
- **B** Staying safe in the sun
- **C** Lost property
- **D** Noise
- **E** Drunken behaviour

> When you see 'Answer all parts of the question' in a Listening exam, it tells you that the recording is <u>not</u> split up into separate extracts.

Answer all parts of the question.

- a Sofía
- b Moisés
- c Nicolás

3 The *Feria de Abril*

Listen to Martín, your Spanish exchange partner, talking about his weekend at the *Feria de Abril* festival in Seville.

For each day, write down the correct letter of what he mentions and the number of the opinion.

	What he mentions
A	Food
B	Drink
C	Bull fight
D	Horseback parade

	His opinion
1	Exciting
2	Disappointing
3	Different
4	Interesting

1 Saturday **(a)** what he mentions ——— **(b)** his opinion ———

2 Sunday **(a)** what he mentions ——— **(b)** his opinion ———

ciento veinticinco **125**

Módulo 6 Prueba oral

A – Role play

1 Look at this role play card and prepare what you are going to say.

Use *Quiero* or *Quisiera…, por favor.*

What might the waiter ask you here? (Notice that you haven't even ordered yet!)

For example, say that it's modern, you like the menu, it's cheap, the atmosphere is good, etc.

> Your teacher will play the part of the waiter/waitress and will speak first.
> You should address the waiter/waitress as *usted*.
> When you see this – **!** – you will have to respond to something you have not prepared.
> When you see this – **?** – you will have to ask a question.
>
> Usted está hablando con un camarero/una camarera en un restaurante en España.
> - Una mesa – cuántas personas
> - **!**
> - De primer plato
> - **?** De segundo plato – recomendación
> - Tu opinión sobre el restaurante (**un** detalle)

You don't get extra marks for using complex language in the role play task, so keep it simple!

How could you turn this into a question? (*¿Qué… de segundo…?*)

2 Practise what you have prepared. Then, using your notes, listen and respond.

3 Now listen to Freja doing the role play task.
1. How does she answer the unprepared question?
2. What does she order as a starter?
3. Do you think she likes the restaurant? Why (not)?

B – Photo card

Look at the photo and make notes. Your teacher will then ask you questions about the photo and about topics related to **customs and festivals in Spanish-speaking countries/communities**.

Your teacher will ask you the following three questions and then **two more questions** which you have not prepared.
- ¿Qué hay en la foto?
- ¿Te gusta la Navidad? ¿Por qué (no)?
- ¿Qué te gustaría hacer para celebrar tu próximo cumpleaños?

1 Look at the photo and read the task. Then listen to Natalie's response to the first question on the task card.
1. How old does she think the children are?
2. What do you think the following phrases mean: *en el fondo, árbol de Navidad, Día de los Reyes Magos*?
3. Which **two** dates does she mention?

2 Listen to and read Natalie's response to the second question on the card.

1. Write down the missing word for each gap.
2. Look at the Answer booster on page 128. Note down **five** examples of language which Natalie uses to give a strong answer.

> Notice how Natalie develops her answer by giving a detailed description of what her family does to celebrate Christmas.

Me encanta la Navidad. A mi modo de ver, es una fiesta muy especial y **1** ———— para toda la familia. Siempre decoramos la casa y en el **2** ———— ponemos un árbol de Navidad con una estrella enorme. También vamos a la **3** ———— para cantar villancicos. Lo mejor es que se puede **4** ————. Además, es importante porque mandamos tarjetas a los amigos. Sin embargo, lo malo es que comemos demasiados **5** ————.

3 Listen to Natalie's response to the third question on the card. Note down **five** examples of sequencers and other time phrases that she uses.

> Remember to use **me gustaría** + **infinitive** to say what you **would like** to do.
> **Me gustaría ir** a Londres.   **I would like to go** to London.

4 Prepare your own answers to the first **three** questions. Think about which other **two** questions you could be asked. Then listen and take part in the full photo card discussion.

C – General conversation

1 The teacher asks Lucas '¿Qué te gusta comer?'. Listen to his answer and complete these sentences in **English**.

a Lucas eats lots of…
b He has a quick breakfast because…
c He drinks hot chocolate…
d He never eats…
e After school he has…
f Yesterday his dad cooked…

2 The teacher then asks Lucas '¿Te gusta la comida española?'. Which of these adjectives does he use? What do they mean?

riquísimo/a	buenísimo/a	frío/a	típico/a
salado/a	dulce	picante	refrescante

> To add variety to your language, try to use a wide range of adjectives, including some ending in **–ísimo** (e.g. *Está/Estaba buenísimo/a* – It is/was extremely nice).

3 Listen to how Lucas answers the next question '¿Prefieres cenar en casa o en un restaurante?'. Look at the Answer booster on page 128. Note down **five** examples of language which Lucas uses to give a strong answer.

4 Prepare your own answers to Module 6 questions 1–6 on page 189. Then practise with your partner.

ciento veintisie

Módulo 6   Prueba escrita

Answer booster	Aiming for a solid answer	Aiming higher	Aiming for the top
Verbs	**Different time frames:** past, present, near future	**Different persons of the verb:** hacemos, mi madre cocina…	**Verbs with an infinitive:** suelo, se puede… **More than one tense to talk about the past:** (preterite, imperfect, perfect).
Opinions and reasons	**Verbs of opinion:** me chifla, me encanta…	**Different opinion phrases with reasons:** no aguanto… porque es…	**Opinions:** creo que, a mi modo de ver **Exclamations:** ¡Qué miedo! ¡Qué guay! **Adjectives ending in –ísimo:** riquísimo, buenísimo
Connectives	y, pero, también	sin embargo, además, por ejemplo, sobre todo	**Add more variety:** ya que, así que, aunque, por un lado… por otro lado…
Other features	**Qualifiers:** muy, un poco, bastante **Time phrases and sequencers:** por la mañana, primero	**Interesting vocab:** los desfiles, villancicos, goloso/a, alegre **Phrases followed by the infinitive:** para, antes de, después de…	**Positive / negative phrases:** lo bueno / malo / mejor / peor… **Complex sentences with que, donde, si, cuando:** …que hacen …, …donde vi…, si es…, cuando hacemos…

A – Photo-based task

1 Look at the photo and the task. Write your answer, checking carefully what you have written.

⭐ Think about how you could describe:
- the people on the left (who they are, what they are wearing)
- the people on the right (what they are doing).
- other aspects of the photo (the location, the weather).

To say what someone is doing use either the **present tense** (e.g. cantan) or the **present continuous** (e.g. están cantando).

Decides mandar un WhatsApp a un amigo español con esta foto.

Escribe **cuatro** frases en **español** que describan la foto.

B – Translation

2 Translate the following sentences into **Spanish**.

1 I have breakfast in the kitchen.
2 I never eat fast food.
3 We buy vegetables at the market.
4 I prefer to drink orange juice because it's healthy.
5 We went to a restaurant last weekend.

- Remember that there is a special verb for this in Spanish.
- Start with the word for 'never'.
- Think back to Module 5.
- Use the infinitive form of 'to drink'.
- Take care to use correct word order: *El fin…*

ciento veintiocho

C – Extended writing task

1 Look at the task and answer these questions.
- What type of text are you asked to write?
- What is each bullet point asking you to do?
- Which tense(s) will you need to use to answer each one?

> Acabas de ir a una fiesta en España.
> Escríbele una carta a tu amiga española.
> Menciona:
> - qué hiciste en la fiesta
> - tu opinión de la comida española
> - qué diferencias hay entre las fiestas en España y en Inglaterra
> - qué vas a hacer este fin de semana.
>
> Escribe aproximadamente **90** palabras en **español**.
> Responde a todos los aspectos de la pregunta.

2 Read Matthew's answer at the bottom of this page. What do the phrases in **bold** mean?

3 Look at the Answer booster. Note down **six** examples of language which Matthew uses to write a strong answer.

4 Prepare your own answer to the task.
- Look at the Answer booster and Matthew's text for ideas.
- Write a detailed plan. Organise your answer in paragraphs.
- Write your answer and carefully check what you have written.

⭐ Matthew talks about Bonfire Night to help him answer the third bullet point. Giving a specific example like this can help you to compare things in different countries.

Hola María:

En agosto fui a las fiestas de Vilafranca del Penedès, donde vi los desfiles increíbles. Lo mejor fue cuando saqué fotos de los Castellers, que hacen **torres humanas muy altas.** ¡Qué miedo!

Me chifla la comida española, pero **no me gusta nada el salchichón** porque es demasiado picante. En Vilafranca probé una 'coca' (un tipo de pastel dulce) **con mermelada**. Estaba buenísima. ¡Soy muy goloso!

En España hay muchas fiestas al aire libre, **sobre todo en verano**, ya que hace buen tiempo. Una fiesta típica en Inglaterra es el 5 de noviembre, cuando **hacemos hogueras** y vemos fuegos artificiales.

Pasado mañana voy a ir a un festival de música en mi pueblo. Voy a cantar y a bailar mucho. **¡Va a ser flipante!**

¡Hasta luego!
Matthew

los Castellers de Vilafranca

Módulo 6 Palabras

Las comidas	Meals
el desayuno	breakfast
la comida / el almuerzo	lunch
la merienda	tea (meal)
la cena	dinner / evening meal
desayunar	to have breakfast / to have… for breakfast
comer	to have lunch / to have… for lunch
merendar	to have tea / to have… for tea
cenar	to have dinner / to have… for dinner
tomar	to have (food / drink)
Desayuno…	I have breakfast…
temprano / tarde	early / late
a las ocho (y media)	at (half past) eight
a las nueve (menos / y cuarto)	at (quarter to / past) nine
Desayuno / Como…	For breakfast / lunch I have…
Meriendo / Ceno…	For tea / dinner I have…
algo dulce / rápido	something sweet / quick
un huevo	an egg
un yogur	a yogurt
un pastel	a cake
un bocadillo	a sandwich
una hamburguesa	a hamburger
(el) bistec	steak
(el) café / (el) té	coffee / tea
(el) chorizo	spicy chorizo sausage
(el) marisco	seafood
(el) pescado	fish
(el) pollo	chicken
(el) zumo de naranja	orange juice
(la) carne	meat
(la) ensalada	salad
(la) fruta	fruit
(la) leche	milk
(la) sopa	soup
(la) tortilla	omelette
(los) cereales	cereals
(los) churros	fried doughnut sticks
(las) galletas	biscuits
(las) patatas fritas	chips
(las) tostadas	toast
(las) verduras	vegetables
Soy alérgico/a a…	I'm allergic to…
Soy vegetariano/a.	I'm a vegetarian.
Soy goloso/a.	I have a sweet tooth.
(No) tengo hambre.	I'm (not) hungry.
Es / Son…	It is / They are…
picante(s) / rápido/a(s)	spicy / quick
rico/a(s) / sanos/a(s)	tasty / healthy

Las expresiones de cantidad	Expressions of quantity
cien gramos de…	100 grammes of…
quinientos gramos de…	500 grammes of…
un kilo (y medio) de…	a kilo (and a half) of…
un litro de…	a litre of…
un paquete de…	a packet of…
una barra de…	a loaf of…
una botella de…	a bottle of…
una caja de…	a box of…
una docena de…	a dozen…
una lata de…	a tin / can of…

Mi plato favorito	My favourite dish
Me gustaría probar…	I would like to try…
Es un tipo de comida / bebida / postre.	It's a type of food / drink / dessert.
Es un plato caliente / frío.	It's a hot / cold dish.
Es un plato típico de…	It's a typical dish from…
Contiene(n)…	It contains / They contain…
(el) aceite de oliva	olive oil
(el) agua	water
(el) ajo	garlic
(el) arroz	rice
(el) azúcar	sugar
(el) pan	bread
(el) queso	cheese
(la) cerveza	beer
(la) carne de cerdo / cordero / ternera	pork / lamb / beef
(la) coliflor	cauliflower
(la) harina	flour
(la) mantequilla	butter
(la) pasta	pasta
(los) guisantes	peas
(los) pepinos	cucumbers
(los) pimientos	peppers
(los) plátanos	bananas
(los) refrescos	fizzy drinks
(los) tomates	tomatoes
(las) cebollas	onions
(las) judías (verdes)	(green) beans
(las) manzanas	apples
(las) naranjas	oranges
(las) salchichas	sausages
(las) zanahorias	carrots

Mi rutina diaria	My daily routine
me despierto	I wake up
me levanto	I get up
me ducho	I have a shower
me afeito	I have a shave
me visto	I get dressed
me lavo los dientes	I clean my teeth
me acuesto	I go to bed
salgo de casa	I leave home
vuelvo a casa	I return home
si tengo tiempo	if I have time
enseguida	straight away
el comedor	the dining room
el cuarto de baño	the bathroom
el salón	the living room
la cocina	the kitchen
mi dormitorio	my bedroom

ciento treinta

Módulo 6

¿Qué le pasa? — What's the matter?

No me encuentro bien.	I don't feel well.
Estoy enfermo/a / cansado/a.	I am ill / tired.
Tengo calor / frío.	I am hot / cold.
Tengo un resfriado.	I have a cold.
Tengo dolor de garganta.	I have a sore throat.
Tengo fiebre.	I have a fever / temperature.
Tengo mucho sueño.	I am very sleepy.
Tengo tos.	I have a cough.
Tengo una insolación.	I have sunstroke.
Me duele(n)…	My… hurt(s).
Me he cortado…	I've cut my…
Me he quemado…	I've burnt my…
Me he roto…	I've broken my…
el brazo / el estómago	arm / stomach
el pie / la boca	foot / mouth
la cabeza / la espalda	head / back
la garganta / la mano	throat / hand
la nariz / la pierna	nose / leg
los dientes / las muelas	teeth
los oídos / las orejas	ears
los ojos	eyes
¿Desde hace cuánto tiempo?	How long for?
Desde hace…	For…
un día / un mes	a day / a month
una hora / una semana	an hour / a week
quince días	a fortnight
más de…	more than…
Tiene(s) que / Hay que…	You have to…
beber mucha agua	drink lots of water
descansar	rest
ir al hospital / médico / dentista	go to the hospital / doctor / dentist
tomar aspirinas	take aspirins
tomar este jarabe / estas pastillas	take this syrup / these tablets

Las fiestas — Festivals

Celebramos / Celebran la fiesta de…	We / They celebrate the festival of…
Comemos / Comen…	We / They eat…
Corremos / Corren…	We / They run…
Decoramos / Decoran las tumbas.	We / They decorate the graves.
Hacemos / Hacen hogueras.	We / They make bonfires.
Lanzamos / Lanzan huevos.	We / They throw eggs.
Llevamos / Llevan un disfraz.	We / They wear a costume.
Participamos / Participan en…	We / They participate in…
Quemamos / Queman las figuras.	We / They burn the figures.
Vamos / Van a…	We / They go to…
Vemos / Ven los desfiles / los fuegos artificiales.	We / They watch the processions / the fireworks.
Es una fiesta para niños / familias / todos.	It's a festival for children / families / everyone.

Un día especial — A special day

Ayer fue…	Yesterday was…
(el) Domingo de Pascua	Easter Sunday
(la) Nochebuena	Christmas Eve
(la) Nochevieja	New Year's Eve
Comí doce uvas.	I ate twelve grapes.
Desayuné / Recé.	I had breakfast / I prayed.
Fui a la iglesia / a la mezquita.	I went to church / to the mosque.
Recibí regalos y tarjetas.	I received gifts and cards.
Visité a amigos.	I visited friends.
Me bañé / Me vestí.	I had a bath / I got dressed.
Me desperté temprano.	I woke up early.
Cantamos villancicos.	We sang carols.
Cenamos bacalao / pavo.	We had cod / turkey for dinner.
Hicimos una cena especial.	We had a special (evening) meal.
Nos acostamos muy tarde.	We went to bed very late.

¿Qué va a tomar? — What are you going to have?

Quiero reservar una mesa.	I want to book a table.
De primer / segundo plato…	For starter / main course…
De postre…	For dessert…
voy a tomar…	I'm going to have…
(el) filete de cerdo	pork fillet
(el) flan	crème caramel
(el) jamón serrano	Serrano ham
(el) melocotón	peach
(la) piña	pineapple
(la) tortilla de champiñones	mushroom omelette
(los) calamares	squid
(las) albóndigas	meatballs
(las) chuletas de cordero	lamb chops
(las) croquetas de atún	tuna croquettes
(las) fresas	strawberries
(las) gambas al ajillo	garlic prawns
¿Qué me recomienda?	What do you recommend?
El menú del día	The set menu
La especialidad de la casa.	The house speciality.
Está buenísimo/a / riquísimo/a.	It's extremely good / tasty.
¡Que aproveche!	Enjoy your meal!
¿Algo más?	Anything else?
Nada más, gracias.	Nothing else, thank you.
¿Me trae la cuenta, por favor?	Can you bring me the bill, please?
Me hace falta un cuchillo / un tenedor / una cuchara.	I need a knife / a fork / a spoon.
No hay aceite / sal / vinagre.	There's no oil / salt / vinegar.
El plato / vaso… está sucio / roto.	The plate / glass… is dirty / broken.
El vino está malo.	The wine is bad/off.
La carne está fría.	The meat is cold.
El ambiente era alegre.	The atmosphere was cheerful / happy.
El camarero / La camarera era amable.	The waiter / waitress was nice / kind.
El servicio era lento.	The service was slow.
Todo estaba muy limpio.	Everything was very clean.

Un festival de música — A music festival

Admiro…	I admire…
No aguanto / soporto…	I can't stand…
su comportamiento	his/her behaviour
su forma de vestir	his/her way of dressing
su talento	his/her talent
Su música / voz es…	His/her music / voice is…
Sus canciones / letras son…	His/her songs / lyrics are…
imaginativo/a(s)	imaginative
precioso/a(s)	beautiful
repetitivo/a(s)	repetitive
original(es)	original
Acabo de (pasar cuatro días)	I have just (spent four days)
Vi / Comí / Bebí / Canté / Bailé	I saw / ate / drank / sang / danced
Antes de… / Después de…	Before… / After…
Fue una experiencia inolvidable.	It was an unforgettable experience.
La próxima vez voy a…	Next time I'm going to…

ciento treinta y uno **131**

7 ¡A currar!
Punto de partida

- Talking about different jobs
- Discussing job preferences

1 Escucha y escribe el trabajo correcto. (1–6)
Ejemplo: **1** *camarera*

- peluquero/a
- camarero/a
- veterinario/a
- jardinero/a
- profesor(a)
- dependiente/a

Trabajo en	un hotel / un instituto / un taller / un restaurante / una oficina / una peluquería / una tienda
Ayudo a los	pasajeros / clientes
cuido	los jardines / a los pacientes / a los animales
enseño a los niños hago entrevistas prepara platos distintos vendo ropa sirvo comida y bebida reparo coches corto el pelo a los clientes	
Es	aburrido / interesante / fácil / difícil importante / repetitivo / variado

2 Escucha otra vez. ¿Le gusta el trabajo? ¿Por qué (no)? (1–6)
Ejemplo: **1** ✗ – *repetitivo*

> When saying what job someone does, you don't use the indefinite article ('a').
> *Soy periodista.* — I am **a** journalist.
> *Mi padre es cocinero.* — My dad is **a** chef.

G Masculine and feminine nouns › Page 208

Some nouns have different masculine and feminine forms.

camarer**o** → camarer**a**
diseñad**or** → diseñad**ora**

Those ending in *–e* or *–ista* don't usually change.

cantant**e** → cantant**e**
recepcion**ista** → recepcion**ista**

3 Escribe <u>tres</u> frases para cada persona. Inventa los otros detalles.
Ejemplo: **1** *Soy cocinera y trabajo en un restaurante francés. Todos los días preparo… Me gusta mi trabajo porque es…*

¿En qué trabajas?

1. Soy cocinera.
2. Soy azafata. 
3. Soy periodista. 
4. Soy recepcionista. 
5. Soy mecánico. 

a bordo de un avión — on board a plane

4 Escucha y lee. ¿En qué trabajan? Escribe el trabajo correcto.

1 Trabajo para una revista de moda, pero no escribo artículos. Siempre llevo mi cámara.
Soy **modelo / fotógrafo**.

2 Trabajo en un hotel donde reparo el aire acondicionado cuando no funciona.
Soy **electricista / cocinero**.

3 Trabajo en un crucero enorme. No sirvo comida ni cocino. Cada noche canto en un espectáculo.
Soy **bailarina / cantante**.

4 No soy ni médica ni veterinaria, pero trabajo en una clínica. Ayudo a mis pacientes a cuidar los dientes.
Soy **enfermera / dentista**.

el crucero — cruise ship

132 ciento treinta y dos

Módulo 7

5 Con tu compañero/a, juega a '¿Cuál es mi profesión?'.

- Trabajo en un hotel.
- No, no soy jardinero. Sirvo comida.
- Sí, soy…

■ ¿Eres jardinero?
■ ¿Eres camarero?

6 Mira las cuatro listas. Escribe la letra correcta (A–D) para cada lista.

1
bombero/a
policía
soldado

2
electricista
fontanero/a
ingeniero/a

3
dentista
enfermero/a
médico/a

4
diseñador(a)
músico/a
pintor(a)

A Seguridad
B Actividades artísticas
C Construcción / Ingeniería
D Medicina / Sanidad

7 Escucha. ¿Qué trabajos les gustaría hacer? ¿Por qué? (1–5)

Ejemplo: 1 c – brave

¿Qué te gustaría hacer?
Me gustaría ser…

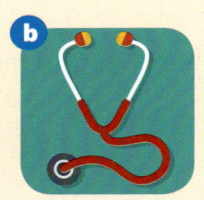

a, b, c, d, e

(No) Soy	comprensivo/a creativo/a fuerte inteligente paciente práctico/a trabajador(a) valiente	Es un trabajo	artístico manual variado con un buen sueldo con mucha responsabilidad para personas sociables

8 Con tu compañero/a, haz cuatro diálogos. Inventa los detalles.

- ¿Qué tipo de persona eres?
■ Creo que soy…, pero no soy…
- ¿Qué trabajo te gustaría hacer?
■ Me gustaría ser… porque es un trabajo…

⭐ I am… Soy…
I'd like to be… Me gustaría ser…
If you aren't sure, use *no sé* (I don't know) or *tal vez* (perhaps).

9 Traduce las frases al español.

1 I am a receptionist and I work in a clinic.
2 I love my job because it's quite varied.
3 I serve food and drink in a hotel.
4 My sister is a designer. She works in an office.
5 I am patient and understanding and so I'd like to be a nurse.

ciento treinta y tres

1 ¿Qué haces para ganar dinero?

- Talking about how you earn money
- Using verbs followed by the infinitive
- Words with more than one meaning

1 Escucha. Indica el trabajo y apunta los detalles en inglés. (1–5)
Ejemplo: **1** b – once a week, €4 per hour

¿Tienes un trabajo a tiempo parcial?

Sí, tengo un trabajo.

No, no tengo trabajo, pero ayudo en casa.

a Reparto periódicos.

b Hago de canguro.

c Trabajo de cajero.

d Cocino y lavo los platos.

e Paso la aspiradora.

f Pongo y quito la mesa.

g Plancho la ropa.

¿Cuándo lo haces? / ¿Cuándo trabajas?	
Lo hago / Trabajo	los (sábados) todos los días los fines de semana antes / después del insti cuando necesito dinero una vez / dos veces a la semana
¿Cuánto ganas?	
Gano…euros / libras (a la hora / a la semana) ¡No gano nada!	

los vecinos neighbours

2 Lee los textos. Busca las expresiones en español.

Soy estudiante, pero también trabajo de socorrista en un parque acuático, donde tengo que vigilar a los niños. Lo hago desde hace seis meses y me encanta porque me gusta mi jefe y mis compañeros son amables. No ayudo mucho en casa, pero pongo los platos en el lavaplatos. **Carla**

Trabajo en un supermercado desde hace un año. Suelo trabajar dos veces a la semana, pero el horario es flexible. Mi trabajo es un poco monótono, aunque gano siete euros a la hora. También ayudo con las tareas en casa. Tengo que arreglar mi habitación, pero nunca paseo al perro. **Luis**

1. I have to supervise the children
2. I've been doing it for six months
3. I like my boss
4. my colleagues are nice
5. I tend to work twice a week
6. I help with the housework
7. I have to tidy my room
8. I never walk the dog

G Verbs followed by the infinitive

Remember, you use **suelo** + **infinitive** to talk about what you *tend to* do.

Suelo trabajar los lunes.   I **tend to work** on Mondays.

You use **tengo que** + **infinitive** to say what you *have to* do.

Tengo que lavar los platos.   I **have to wash** the dishes.

ciento treinta y cuatro

Módulo 7

3 hablar **Con tu compañero/a, habla de tu trabajo a tiempo parcial (o inventa un trabajo).**

- ¿Tienes un trabajo a tiempo parcial?
- Sí, reparto periódicos.
- ¿Cuándo trabajas?
- Trabajo…
- ¿Cuánto ganas?
- Gano… a la…
- ¿Qué haces para ayudar en casa?
- Todos los días cocino, pero nunca…

> Some words have more than one meaning. Look at the context and decide whether the word is a noun, verb, etc. For example:
>
> **Trabajo** en una tienda. — **I work** in a shop.
> Es **un trabajo** genial. — It's **a great job**.
>
> Trabaja en **la cocina**. — He/She works in **the kitchen**.
> **Cocina** en casa. — **He/She cooks** at home.

4 escuchar **Escucha a Guillermo y escribe la letra correcta. (1–5)**

1. Guillermo **a** cocina / **b** lava los platos / **c** sirve en un restaurante.
2. Trabaja **a** dos / **b** tres / **c** cuatro veces a la semana.
3. No le gusta **a** el sueldo / **b** el horario / **c** su jefe.
4. En casa **a** pone la mesa / **b** quita la mesa / **c** cocina.
5. Nunca **a** pasa la aspiradora / **b** plancha la ropa / **c** lava el coche.

Guillermo

5 escribir **Escribe un texto sobre lo que haces en tu trabajo y en casa.**

Give details of:
- your part-time job (or invent one!)
  ○ what you do / when
  ○ how much you earn
  ○ your opinion of it
- how you help out at home
  ○ what you do / how often
  ○ what you never do

> Use phrases from exercises 1 and 2 to help you.
> Remember to make adjectives agree:
>   Me gusta **mi trabajo** porque **es** variad**o**.
>   **Mi jefe es** paciente y **mis compañeros son** sociabl**es**.
>
> Try to include suelo and tengo que + infinitive.

6 leer **Lee el texto. Copia y completa las frases.**

Buscar empleo para jóvenes de 16 años

¿Te gustaría ganar dinero en tu tiempo libre? Los trabajos típicos para los adolescentes incluyen:
- Trabajar en un restaurante de comida rápida
- Ser dependiente en una tienda
- Repartir periódicos

Si tienes 16 años también existe la posibilidad de:
- Cuidar a niños (es mejor hacer un curso de primeros auxilios)
- Arreglar jardines
- Lavar los coches de los vecinos
- Enseñar a personas mayores cómo usar el ordenador

Si tienes 14 o 15 años, solo puedes trabajar tres horas al día y un máximo de 18 horas a la semana.

1. The article asks if you would like to ——.
2. Jobs include working in a —— restaurant.
3. Do a first aid course if you want to ——.
4. You could —— for your neighbours.
5. You could teach older people to ——.
6. 14–15 year olds can only work ——.

ciento treinta y cinco **135**

2 Mis prácticas laborales

- Talking about work experience
- Using the preterite and imperfect together
- Extending your answers when speaking

1 leer Lee los textos y escribe la letra correcta para cada persona. Sobra un dibujo.

> Mandé correos electrónicos, escribí cartas y contesté el teléfono. **Noemí**

> Atendí a los clientes, arreglé los estantes y vendí ropa de segunda mano. **Lucía**

> Pinté y leí libros con los niños. También ayudé en las clases de educación física. **Iván**

> Hice reservas para excursiones y hoteles. También arreglé los folletos. **Jorge**

> Trabajé en el gimnasio y di clases de natación en la piscina. **Borja**

los estantes — shelves

Hice mis prácticas laborales en…

a) una agencia de viajes
b) un polideportivo
c) una escuela
d) la empresa de mi madre
e) una fábrica
f) una tienda benéfica

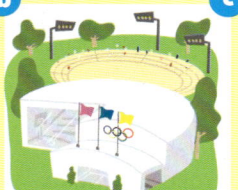

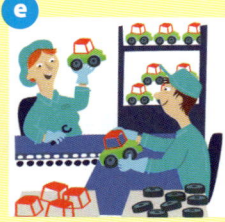

2 escuchar Escucha y comprueba tus respuestas. Luego escribe P (positivo), N (negativo) o P+N (positivo y negativo).

Me encantó / Me gustó (mucho)	No me gustó (nada)
Aprendí mucho	No aprendí nada
Fue divertido / interesante / útil una experiencia positiva	Fue aburrido / duro / repetitivo una pérdida de tiempo

3 hablar Con tu compañero/a, haz <u>dos</u> diálogos.

- ● ¿Cuándo hiciste tus prácticas?
- ■ *Hice mis prácticas en mayo.*
- ● ¿Dónde trabajaste?
- ■ *Trabajé en…*
- ● ¿Qué hiciste?
- ■ *…y también…*
- ● ¿Te gustó?
- ■ *Sí, me gustó (mucho) porque… / No, no me gustó (nada) porque…*

a) November — a hotel — useful + learned a lot
b) June — a supermarket — hard + waste of time

⭐ Use your imagination to extend your answers.
- Give extra details about where you worked: *Trabajé en un banco <u>en el centro de la ciudad</u>.*
- Use time phrases to say what you did: *El primer día… La segunda semana…*
- Give both positive and negative opinions: *Por un lado, me gustó porque…, pero por otro lado, …*

Módulo 7

4 Lee los textos y traduce las frases en **negrita** al inglés.

¿Vale la pena hacer prácticas laborales?

💬 **Carolina**
Hice mis prácticas en una emisora de radio. La primera semana trabajé en el departamento de marketing, **donde saqué fotocopias** y **archivé documentos**. Luego, la segunda semana trabajé con el equipo de producción. ¡Qué emocionante! Fue una experiencia educativa y aprendí muchísimas cosas. Por desgracia, **lo malo fue que mi jefa era muy severa**.

💬 **Eduardo**
En mayo **pasé quince días trabajando en una granja**. No me gustó nada, dado que **hice todos los trabajos sucios**: ordeñé las vacas, di de comer a los cerdos… ¡Qué asco! Además, mis compañeros eran desagradables. Fue una pérdida de tiempo y solo aprendí una cosa útil – **¡no me gustaría ser granjero!**

(no) vale la pena	it's (not) worth it
ordeñar las vacas	to milk the cows
(des)agradable	(un)pleasant

5 Lee los textos otra vez. Escribe C (Carolina), E (Eduardo), o C+E (Carolina y Eduardo).

1. No vale la pena hacer prácticas.
2. Aprendí mucho.
3. Pasé dos semanas allí.
4. Hice trabajos administrativos.
5. No me gustó la gente.
6. Trabajé al aire libre.

G Using the preterite and the imperfect tense ▶ Pages 202, 216

Use the **preterite** for completed actions and opinions in the past.

Aprendí mucho. — **I learned** a lot.
Me gustó porque *fue* divertido. — **I liked it** because **it was** fun.

Use the **imperfect** to describe what something was like.

La granja era enorme. — The farm **was** enormous.
Los clientes eran agradables. — The customers **were** pleasant.

6 Escucha y apunta los detalles. (1–3)

Ejemplo: **1**
a When: two months ago
b Where: garage
c Tasks: washed…
d Place: quite…
e People: boss was…

El banco / La tienda La empresa / La fábrica	era	moderno/a antiguo/a grande pequeño/a
Mi jefe/a	era	alegre(s) severo/a(s) (des)agradable(s) (mal)educado/a(s)
Mis compañeros Los clientes	eran	

7 Escribe un texto sobre tus prácticas laborales, reales o inventadas.

Use the **preterite** to give details about:
- When / Where you worked
- What you did
- How much you learned
- Your opinion

Use the **imperfect** to give details about:
- The place
- The people

El año pasado, en julio, hice mis prácticas laborales. Trabajé en…

ciento treinta y siete **137**

3 ¿Por qué aprender idiomas?

- Talking about languages and travel
- Using **lo** + adjective
- Using the 24-hour clock

1 Escucha. ¿Quién habla? (1–4)
Para cada persona escribe en inglés:
- **a** el nombre
- **b** el trabajo

Arleta

Gorka

Sami

Nuria

¿Qué idiomas hablas?

Domino el…	alemán
Hablo…	español
(un poco de)…	francés
	inglés
	italiano
	mandarín
	polaco
	urdu
Estudio…desde hace (dos años).	

⭐ Before listening, decide which words you need to listen out for to identify who is speaking. For example, how useful is it to listen out for *español*?

2 Escucha y lee. Copia y completa la tabla.

	his/her language skills	says languages let you…
Edurne	Fluent in… Been studying…for…	travel to…

G Lo + adjective

Lo + adjective means **the**… **thing**.

Lo bueno / malo	**The** good / bad **thing**
Lo mejor / peor	**The** best / worst **thing**
Lo más importante	**The** most important **thing**

Aprender un idioma te permite…

Edurne
Soy periodista y los idiomas son muy importantes en mi trabajo. Domino el inglés y estudio árabe desde hace cuatro años. En mi opinión, lo bueno de hablar otros idiomas es que te permite **viajar a otros países** y **hacer nuevos amigos**. Sin embargo, lo más importante es que te permite **descubrir nuevas culturas**. ¡Me encanta!

Tomás
Hablar otro idioma te permite **encontrar un buen trabajo**. Soy guía turístico y tengo que hablar con clientes de muchos países diferentes. Domino el francés y el inglés, y también hablo un poco de ruso y alemán. ¡Menos mal! Para mí, lo mejor de aprender otros idiomas es que te permite **trabajar o estudiar en el extranjero**.

descubrir	to discover
encontrar	to find
¡Menos mal!	Just as well!

3 Con tu compañero/a, haz diálogos.

- ● ¿Qué idiomas hablas?
- ■ *Domino… y estudio… desde hace… También hablo…*
- ● ¿Por qué es importante aprender idiomas?
- ■ *Lo bueno es que te permite… y…*

⭐ Remember to use **desde hace** with the present tense to say **how long** you have been doing something.

ciento treinta y ocho

Módulo 7

4 **Lee la página web y escribe el nombre correcto.**

Los idiomas: La llave del mundo

💬 Estudio alemán desde hace tres años. En agosto voy a visitar Austria. Voy a ir en tren, ya que puedes ver películas en tu tableta mientras viajas. Lo mejor es que puedes dejar tu maleta en la consigna. **Óscar**

💬 En febrero voy a visitar Brasil. ¡Lo bueno es que domino el portugués! Voy a viajar en avión y luego en autocar, dado que es rápido y cómodo (hay poco tráfico en las autopistas). **Conchita**

💬 No hablo inglés, pero voy a visitar Australia. El vuelo va a ser bastante largo. ¡Qué aburrido! Voy a hacer turismo en autobús porque es barato, aunque lo peor es esperar en la parada de autobús. **Lourdes**

| mientras | whilst |

1 I don't like waiting at bus stops.
2 I can do other things on the journey.
3 I'm not looking forward to the flight.
4 The motorways are congestion-free.
5 You can store your suitcase.
6 Speed and comfort are important to me.

5 **Escucha y mira la información. Escribe el destino correcto. (1–5)**

Ejemplo: **1** *Málaga*

Destino	Salida	Llegada	Vía	Observaciones
Gijón	09:39	15:32	5	Retraso – 12 min
Málaga	09:41	12:47	8	
Zaragoza	09:46	11:25	11	Cancelado
A Coruña	09:53	15:20	4	Tren AVE
Toledo	09:58	10:29	7	Tren AVANT

⭐ Train stations and airports often use the 24-hour clock. When listening to announcements be prepared to spot the hour (0–23) followed by the minutes (up to 59).

las catorce	14:00
las quince cero dos	15:02
las dieciséis cuarenta y siete	16:47

6 **Escucha y escribe las palabras correctas. (1–2)**

En la taquilla
- Buenos días. ¿Qué desea?
- *Quisiera* **a** *dos / tres / cuatro billetes de* **b** *ida / ida y vuelta a Bilbao, por favor.*
- ¿A qué hora?
- *A las* **c** *12:28 / 14:30 / 15:10. ¿De qué andén sale?*
- Sale del andén **d** *uno / nueve / quince*.
- ¿Y a qué hora llega?
- Llega a las **e** *16:20 / 17:38 / 18:15.*
- *¿Es directo o hay que cambiar?*
- **f** *Es directo / Hay que cambiar*.

el tren con destino a	the train to
sale de la vía / del andén (dos)	leaves from platform (two)
un billete de ida	a single ticket
un billete de ida y vuelta	a return ticket

7 **Con tu compañero/a, haz diálogos. Usa la información del ejercicio 6 e inventa los otros detalles.**

ciento treinta y nueve **139**

4 Solicitando un trabajo

- Applying for a summer job
- Revising the perfect tense
- Writing a formal letter

1 Lee los anuncios. ¿Qué trabajo recomiendas para cada persona? Escribe la letra correcta.

A Animadores
¿Quieres pasar el verano en Menorca? ¿Eres un(a) fanático/a del deporte? Buscamos animadores con buen nivel de inglés y español para campamento de verano. Precioso entorno rural. No hace falta experiencia.

B Au pair
Estamos buscando a un(a) joven británico/a cariñoso/a para compartir nuestra casa en Ibiza y cuidar a nuestros dos hijos. Requisitos esenciales: experiencia previa y flexibilidad horaria.

C Varios puestos
¿Quieres trabajar en un parque de atracciones en Mallorca? Necesitamos operarios de atracciones, camareros, ayudantes de cocina y dependientes. Experiencia deseable.

Zona Cultura

Destino: ISLAS BALEARES
Ubicación: Mar Mediterráneo, a 100 km de la costa valenciana.
Población: 1,1 millones (¡y más de 13 millones de turistas cada año!)
Famosas por: Sus playas, su paisaje hermoso y su vida nocturna.

el/la animador(a) — activities organiser
cariñoso/a — affectionate

1. Quiero trabajar en una tienda de regalos.
2. Hago de canguro dos veces a la semana.
3. Tengo buenas habilidades lingüísticas.
4. Quiero un trabajo con alojamiento.
5. He hecho prácticas laborales en un restaurante.
6. Me encanta estar en el campo.

2 Escucha a Rafa. Copia y completa la tabla en inglés.

advert	likes	dislikes
A	working outdoors	

3 Escucha y escribe la letra correcta. Sobra una frase. (1–4)

a He hecho prácticas en una oficina.
b He trabajado en equipo.
c He estudiado dos idiomas diferentes.
d He servido comida y bebida.
e He ayudado en una escuela.

¿Qué experiencia tienes?

G The perfect tense › Page 207

Remember, to talk about what you <u>have done</u> you use the **perfect tense**.

To form it, use the present tense of **haber** + **past participle**
(**-ar** verbs → **-ado**, **-er** / **-ir** verbs → **-ido**).
  He trabaj**ado** en una tienda.   I have worked in a shop.
Some past participles are irregular.

  hacer → hecho   ver → visto
  escribir → escrito   poner → puesto

140 *ciento cuarenta*

4 Lee la carta de presentación y escribe el verbo correcto en el perfecto.

Ejemplo: **1** *He visto*

Muy señor mío:

1 (ver) su anuncio publicado en Internet y le escribo para solicitar el puesto de animador.

No **2** (trabajar) en un campamento de verano antes, pero **3** (hacer) prácticas en un polideportivo. Además, **4** (cuidar) a los niños de mis vecinos. Soy responsable y trabajador y hago muchos deportes.

Le adjunto mi currículum vitae. Domino el inglés y también **5** (estudiar) español.

Le agradezco su amable atención y quedo a la espera de su respuesta.

Atentamente,

Daniel Fox

su anuncio	your advert
solicitar el puesto de	to apply for the post of

⭐ Just like in English, you have to follow special conventions when writing a formal letter. Can you spot these phrases in Spanish?
- Dear Sir
- I'm enclosing my CV
- Thank you for your kind attention
- Yours sincerely

Remember to use the **usted** (formal singular) form of the verb.

5 Escribe una carta de presentación para uno de los puestos del ejercicio 1. Usa el ejercicio 4 como modelo.

Mention:
- where you have seen the advert
- which job you are applying for
- your previous experience
- your personal qualities and interests
- your language skills

6 Lee la entrevista. Empareja las preguntas con las respuestas.

1. ¿Por qué quiere ser (ayudante de cocina)?
2. ¿Qué asignaturas ha estudiado?
3. ¿Qué experiencia laboral tiene?
4. ¿Ha trabajado en equipo antes?
5. ¿Qué tipo de persona es usted?

a He estudiado inglés, matemáticas, informática, etc.

b Soy ambicioso, amable y sincero. También tengo buen sentido del humor.

c Sí, he hecho una expedición en grupo para participar en el 'Duke of Edinburgh Award'.

d Me interesa este trabajo porque me encanta cocinar. Me gustaría ser cocinero.

e He hecho prácticas laborales en una carnicería y trabajo en una cafetería los sábados.

7 Escucha y comprueba tus respuestas.

8 Con tu compañero/a, haz una entrevista para un trabajo de verano. Usa las preguntas del ejercicio 6.

- ¿Por qué quiere ser <u>camarero/a</u>?
- *Me interesa este trabajo porque me encanta <u>trabajar con los clientes</u>.*
- …

ciento cuarenta y uno **141**

5 El futuro

- Discussing plans for the future
- Using different ways to express future plans
- Using 'if' clauses

1 Escucha y escribe las <u>dos</u> letras correctas. (1–3)

¿Qué planes tienes para el futuro?

aprobar — to pass

a Quiero buscar un trabajo.
b Espero aprobar mis exámenes. 
c Voy a casarme. 
d Quiero trabajar como voluntario/a. 
e Voy a aprender a conducir. 
f Me gustaría tener hijos. 

G Talking about future plans › Page 204

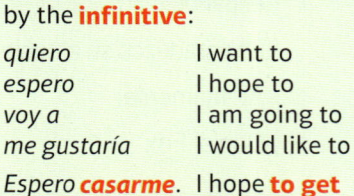

You can express future plans with a variety of verbs followed by the **infinitive**:

quiero	I want to
espero	I hope to
voy a	I am going to
me gustaría	I would like to

Espero casarme. I hope **to get married**.

2 Escucha otra vez. Apunta en inglés las <u>dos</u> o <u>tres</u> razones que mencionan. (1–3)

Ejemplo: **1** Marriage is…, …

el paro — unemployment

3 Con tu compañero/a, haz diálogos.

- ¿Qué planes tienes para el futuro?
- *Primero quiero… porque… Luego voy a…*
- ¿Y más tarde?
- *Más tarde me gustaría… porque…*

Para mí …	es	esencial
el matrimonio		importante
el paro		preocupante
la familia		algo especial
la independencia		un gran problema
sacar buenas notas		
me gusta(n)		ayudar a otras personas
me encanta(n)		los niños

4 Lee los textos. Busca las expresiones en español.

El año próximo quiero ir a otro instituto donde haré un curso de formación profesional. Espero conseguir un título en cocina y gastronomía. Después, si tengo suerte, encontraré un empleo como cocinero. Si tengo dinero, me compraré un coche. **Nico**

El año que viene voy a seguir estudiando en mi insti, donde haré el bachillerato. Luego, si tengo éxito en mis exámenes, iré a la universidad y compartiré piso con mis amigos. Más tarde, si me caso, tendré hijos. **Antonia**

1 I will do a vocational course
2 I hope to get a qualification in
3 if I'm lucky, I'll find a job as
4 where I will do A Levels
5 if I'm successful in my exams
6 I'll share a flat with my friends

⭐ Another way of referring to future plans is to use the **future tense**:

Compraré un coche. **I will buy** a car.
Haré un curso de… **I will do** a course in…

Look back at page 94 to remind yourself how to form the future tense.

You can use **'if' clauses** to describe future plans which depend on something else.

***Si* + present, + future**
Si me caso, **tendré** hijos. If I get married, **I'll have** children.

ciento cuarenta y dos

Módulo 7

5 Escucha. Copia y completa la tabla. (1–5)

	if…	I will…
1	I'm successful in…	go to…

Si…	
saco buenas notas	encontraré un trabajo como…
tengo dinero	compartiré piso con…
tengo éxito	compraré un coche
tengo suerte	haré el bachillerato
trabajo mucho	iré a la universidad
me caso	me tomaré un año sabático
	seré rico/a y famoso/a
	tendré hijos

6 Con tu compañero/a, habla de los planes para el futuro. Luego habla de tus propios planes.

- ¿Qué planes tienes para el futuro?
- Si tengo dinero, …
- Si …, …

A / **B**

7 Escucha e identifica las <u>tres</u> frases correctas.

Si tengo dinero, me tomaré un año sabático.

a Viajaré por todo el mundo.
b Haré un viaje en Interrail por Europa.
c Pasaré un año en Latinoamérica.
d Ayudaré a construir un colegio.
e Mejoraré mi nivel de inglés.
f Trabajaré en un proyecto medioambiental.

Zona Cultura

Muchos jóvenes deciden tomarse un año sabático. Es una buena oportunidad para viajar, pero también para ayudar a otras personas. Destinos como la ciudad inca de Machu Picchu (Perú) son populares entre los 'mochileros'.

un mochilero en Perú

8 Lee el texto y luego tradúcelo al inglés.

Después de los exámenes, si tengo bastante dinero, me tomaré un año sabático. Me gustaría aprovechar el año para hacer algo útil. Tal vez trabajaré como voluntario en un proyecto medioambiental en Costa Rica. Luego viajaré por el mundo porque quiero descubrir otras culturas.

aprovechar — to make the most of

9 Escribe un texto sobre tus planes para el futuro.

Include details of:
- your plans for work / study
- personal ambitions (e.g. learning to drive)
- any plans for a gap year

Use:
- different verbs followed by the infinitive
- 'if' clauses with the future tense

El año próximo espero aprobar…
Si saco buenas notas… haré… Luego…
En el futuro, si tengo dinero, compraré…

ciento cuarenta y tres **143**

5 Islas Galápagos

You are doing some research on the Galapagos Islands and you find this interview with a Galapagos naturalist guide in a Spanish magazine.

—¿Cuáles son los problemas a los que se enfrentan las islas Galápagos?

—Desafortunadamente, algunas de las especies de plantas y varios animales están en peligro de extinción. Además, existen otros problemas como la sobrepoblación, la contaminación y el exceso de turismo.

—¿Algo en particular ha dañado estas islas?

—En enero de 2001, un barco petrolero derramó trescientas toneladas de petróleo y el agua estuvo contaminada durante años. Este accidente se considera uno de los mayores desastres naturales. El gobierno de Ecuador tomó medidas para la conservación del espacio ecológico de las islas: reguló el número de turistas y la navegación. Además, el énfasis de las soluciones estará en la educación de la población para cuidar el medio ambiente.

Choose the correct time frame for the following issues.
Write **P** for something that happened in the **past.**
Write **N** for something that is happening **now.**
Write **F** for something that is going to happen in the **future.**

1. Lower number of tourists
2. Oil spillages
3. Public information
4. Pollution

6 You receive this email from a Spanish friend. Translate it into English.

El problema más serio es la destrucción del medio ambiente. En casa ahorramos energía y mi madre usa el transporte público todos los días. Ayer planté árboles en el patio de mi colegio. También quiero usar más productos ecológicos.

7 Look at the task card and do this photo-based task.

Ves esta foto en Facebook. Escribe **cuatro** frases en **español** que describan la foto.

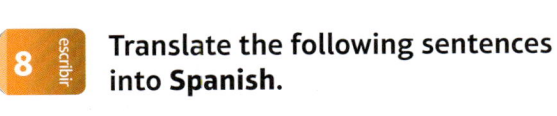

8 Translate the following sentences into **Spanish.**

1. I go to school by bike every day.
2. There is a lot of pollution in my country.
3. At home we recycle paper and glass.
4. I am going to change my diet.
5. Last week we took part in a football match.

> ⭐ Remember **PAWS**! To write clear statements about the photo, include answers to the following questions:
>
> **P** – Who or what is in the photo? – *En esta foto hay una chica que lleva una camiseta verde. Es una foto de un maratón.*
>
> **A** – What is happening? – *La chica trabaja como voluntaria en este evento deportivo.*
>
> **W** – What is the weather like? – *Hace buen tiempo y también hace sol.*
>
> **S** – Where are they? – *Están en el sur de España.*

ciento ochenta y siete **187**

General conversation questions

⭐ Your course is made up of several topics which are grouped into three **Themes**:
- Theme 1 – Identity and culture
- Theme 2 – Local, national, international and global areas of interest
- Theme 3 – Current and future study and employment

For the **General Conversation** in the speaking exam, you will be required to answer questions on **two** Themes. You can choose one of the Themes in advance. Your teacher may ask you to prepare answers to the questions below (on your chosen Theme and the other Themes) in order to get ready for this.

Module 1
(From Theme 2) Travel and tourism
1. ¿Qué haces en verano?
2. ¿Dónde prefieres pasar las vacaciones? ¿Por qué?
3. ¿Adónde fuiste de vacaciones el año pasado?
4. ¿Dónde te alojaste?
5. ¿Cómo era el pueblo / la ciudad?
6. ¿Qué fue lo mejor de tus vacaciones?
7. ¿Qué planes tienes para el próximo verano?
8. ¿Prefieres ir a un hotel o un camping? ¿Por qué?
9. ¿Cuándo prefieres ir de vacaciones? ¿Por qué?
10. ¿Qué país te gustaría visitar en el futuro? ¿Por qué?

Module 2
(From Theme 3) My studies; Life at school / college
1. ¿Cómo es tu insti? ¿Qué instalaciones tiene / no tiene?
2. ¿Qué asignaturas te gustan y no te gustan? ¿Por qué?
3. ¿Qué opinas del uniforme escolar?
4. ¿Qué piensas de las normas de tu insti?
5. ¿Qué es lo bueno / malo de tu insti?
6. Describe un día escolar típico.
7. ¿Qué actividades extraescolares haces?
8. ¿Qué actividades extraescolares hiciste el año pasado?
9. ¿Qué planes tienes para este trimestre?
10. ¿Te gustaría participar en un intercambio o viaje escolar en el futuro? ¿Por qué (no)?

Module 3
(From Theme 1) Me, my family and friends; Technology in everyday life
1. ¿Cómo es para ti un buen amigo?
2. ¿Quiénes son más importantes, tus amigos o tus padres? ¿Por qué?
3. ¿Crees que los jóvenes están obsesionados con sus móviles? ¿Por qué (no)?
4. ¿Qué aplicaciones usas para estar en contacto con tus amigos y con tu familia?
5. ¿Qué piensas de las redes sociales?
6. ¿Qué te gusta leer? ¿Por qué?
7. ¿Te llevas bien con tu familia? ¿Por qué (no)?
8. Describe a una persona de tu familia.
9. ¿Por qué es importante pasar tiempo en familia?
10. ¿Qué planes tienes con tus amigos este fin de semana?

Module 4
(From Theme 1) Free-time activities (music, cinema and TV, sport)
1. ¿Qué haces en tus ratos libres?
2. ¿Eres teleadicto/a? ¿Por qué (no)?
3. ¿Prefieres ver películas en casa o en el cine? ¿Por qué?
4. ¿Qué tipo de películas prefieres? ¿Por qué?
5. ¿Qué tipo de música te gusta? ¿Por qué?
6. ¿Qué planes tienes para este fin de semana?
7. ¿Tus padres te dan dinero? ¿Qué haces con tu dinero?
8. ¿Qué deportes haces? ¿Eres miembro de un club / un equipo?
9. Háblame de la última vez que participaste en un deporte.
10. ¿Quién es tu modelo a seguir? ¿Por qué?

⭐ As well as answering questions, you must also ask your teacher a question at some point during the General Conversation.

Module 5
(From Theme 2) Home, town, neighbourhood and region
1. ¿Cómo es la ciudad o el pueblo donde vives?
2. ¿Cuál es tu ciudad favorita? ¿Por qué te gusta?
3. ¿Dónde te gusta comprar? ¿Por qué?
4. ¿Qué es mejor, vivir en la ciudad o en el campo? ¿Por qué?
5. ¿Qué es lo mejor del lugar donde vives? ¿Y lo peor?
6. ¿Qué hay para turistas en tu zona? ¿Qué se puede hacer?
7. ¿Qué hiciste recientemente en tu zona?
8. ¿Te gusta comprar por Internet? ¿Por qué (no)?
9. ¿Adónde fuiste de compras la última vez y qué compraste? ¿Qué hiciste?
10. Describe una visita que hiciste a una ciudad (en Gran Bretaña o en otro país).

Module 6
(From Theme 1) Customs and festivals in Spanish-speaking countries / communities; Free-time activities (food and eating out)
1. ¿Qué te gusta comer? ¿Por qué?
2. ¿Te gusta la comida española? ¿Por qué (no)?
3. ¿Prefieres cenar en casa o en un restaurante? ¿Por qué?
4. Háblame de lo que hiciste en un día especial reciente con tus amigos o tu familia.
5. ¿Cómo vas a celebrar tu próximo cumpleaños?
6. ¿Cuál es tu cantante / grupo favorito? ¿Por qué?
7. ¿Te interesa ir a un festival de música? ¿Por qué (no)?
8. Háblame de lo que hiciste por Navidad el año pasado.
9. ¿Cuál es tu fiesta favorita? ¿Por qué?
10. ¿Te gustaría ir a una fiesta en España? ¿Cuál?

Module 7
(From Theme 3) Education post-16; Career choices and ambitions
1. ¿Tienes un trabajo a tiempo parcial? ¿Qué haces?
2. ¿Qué planes tienes para seguir estudiando en el futuro?
3. ¿Qué opinas de ir a la universidad? ¿Por qué?
4. ¿Qué haces para ayudar en casa?
5. ¿Dónde hiciste tus prácticas laborales?
6. ¿Qué trabajo te gustaría hacer? ¿Por qué?
7. ¿Qué idiomas hablas?
8. ¿Por qué es importante aprender idiomas?
9. ¿Te gustaría tomar un año sabático? ¿Qué te gustaría hacer?
10. ¿Qué otras ambiciones tienes? ¿Por qué?

Module 8
(From Theme 2) Home; Social issues; Global issues
1. ¿Cómo te puedes mantener en forma hoy en día?
2. ¿Qué opinas de fumar?
3. ¿Cómo se debería cuidar el medio ambiente?
4. ¿Te gusta tu casa? ¿Por qué (no)?
5. ¿Qué haces en casa para proteger el medio ambiente?
6. ¿Cuáles son los problemas globales más serios hoy en día?
7. ¿Cómo se pueden solucionar los problemas?
8. ¿Crees que son importantes los eventos deportivos internacionales?
9. ¿Es importante ser solidario? ¿Por qué (no)?
10. ¿Participaste en algún evento solidario?

Te toca a ti: Módulo 1

1 Match up the sentence halves. Then translate them into English.

1 **Hace dos años** fui de vacaciones a…
2 **El primer día** fui al parque de atracciones,…
3 **Al día siguiente por la mañana** hice…
4 **Luego, por la tarde** fui al centro comercial…
5 **El último día** hizo mucho calor, y…
6 **Por un lado,** lo pasé bien, pero…

a por eso tomé el sol en la playa.
b y compré recuerdos para mis amigos.
c por otro lado, perdí mi móvil. ¡Qué desastre!
d turismo y saqué muchas fotos.
e Benidorm con mi familia. Viajamos en avión.
f donde vomité en una montaña rusa.

2 Write a paragraph about your holidays. Use the phrases in **bold** in exercise 1 to help you.

3 Read the text. What is Isabel's opinion of each of the following features of the hotel?
Example: **1** *not cheap*

ComparteTuVisita.com

Isabel-98
La Palma

¡Hotel horroroso!
No recomiendo este hotel. No es barato – 150 € por noche. ¡Qué timo! Las habitaciones son ruidosas y las camas no son cómodas – es imposible dormir por la noche. El baño es feo y no hay toallas. Es inaceptable. También la piscina y el gimnasio son bastante antiguos. No hay espacio para nuestro coche porque el aparcamiento es demasiado pequeño, y la recepcionista es muy arrogante. Además, el desayuno no es nada especial. ¡No voy a volver!

1 the price
2 the rooms
3 the beds
4 the bathroom
5 the sports facilities
6 the car park
7 the staff
8 the food

¡Qué timo!   *What a con!*

4 Write about the hotel where you are staying, using the pictures. Add extra details.
Example: Recomiendo este hotel. El baño es… y el restaurante es… ¡Qué guay! También…

luxurious
big
modern
lively
pretty

Be sure to choose the correct verb:

es   (it) is
son (they) are
hay there is/are

Also, remember to make adjectives agree:

El baño es lujoso.
The bathroom is luxurious.
***Las** camas son cómod**as**.*
The beds are comfortable.

Te toca a ti: Módulo 2

1 leer Match up the sentence halves. Write them out in full.

1 Asisto a…
2 Voy…
3 Las clases empiezan…
4 Tenemos…
5 El recreo es a las…

a a las nueve menos cuarto.
b diez y media.
c un instituto grande y mixto.
d cinco clases al día.
e al insti a pie porque está cerca de mi casa.

2 escribir Adapt the phrases from exercise 1 to write a paragraph about your typical school day. Look back at pages 28–29 to add detail and extend your sentences.

3 leer Match the questions to the correct answers.

Example: **1** *b*

1 ¿Qué asignaturas te gustan?
   a Mi profe de geografía es genial.
   b Me gusta el español porque los idiomas son importantes.

2 ¿Cómo es tu insti?
   a Es bastante grande. Los edificios son antiguos, pero son bonitos.
   b Hay un gimnasio y un campo de fútbol.

3 ¿Qué llevas?
   a Tengo que llevar uniforme.
   b Odio mi uniforme porque es feo e incómodo.

4 ¿Qué es lo bueno de tu insti?
   a Las normas son demasiado estrictas.
   b Hay instalaciones deportivas muy buenas.

5 ¿Hay problemas en tu insti?
   a Soy miembro del club de baloncesto.
   b Sí, el estrés de los exámenes.

6 ¿Participaste en un intercambio o en un viaje escolar el año pasado?
   a Sí, participé en un viaje a Islandia.
   b Sí, voy a participar en un intercambio en el futuro.

4 leer Copy out the answers from exercise 3 that match the questions below.

Example: **1** Hay un gimnasio y un campo de fútbol.

1 ¿Qué instalaciones hay?
2 ¿Qué actividades extraescolares haces?
3 ¿Qué opinas de tus profes?
4 ¿Quieres participar en un intercambio?
5 ¿Qué es lo malo de tu insti?
6 ¿Qué opinas de tu uniforme?

5 escribir Write a text about your school, answering at least <u>six</u> questions from exercises 3 and 4.

⭐ Follow the order of questions in exercises 3 and 4 to help you structure your work logically. Develop your answers fully by referring back to previous work, and pages 26–37 in this book.

ciento noventa y uno **191**

Te toca a ti: Módulo 3

1 Read the profiles and answers the questions.

www.amorcitos.es

| mi media naranja | my other half |
| mi alma gemela | my soulmate |

Tu gran historia de amor te espera

Mi pareja ideal es una persona inteligente, con buen sentido del humor, y que me acepta como soy. En el futuro quiero formar una familia y creo que el matrimonio es bueno porque es más estable para los niños. **Mateo**

Quiero casarme en el futuro porque me importa la seguridad, pero no quiero tener niños porque mi carrera y mis amigos son más importantes. Mi pareja ideal es alguien trabajador y romántico, pero también deportista. **Paula**

No me gusta la idea de una boda tradicional. Creo que es una costumbre anticuada y cuesta demasiado. Quiero una relación amorosa para siempre, pero prefiero la opción de una unión civil. **Vicente**

Who…
1 doesn't like the idea of a traditional wedding?
2 doesn't want to start a family?
3 wants to have children?
4 doesn't want to get married?
5 believes that marriage is more stable when you have a family?
6 is looking for a partner who is hard-working?

2 Read the texts again and find the Spanish phrases.

1 My ideal partner
2 who accepts me as I am
3 I want to get married
4 marriage is good
5 it is an old-fashioned custom
6 security is important to me
7 I prefer the option of a civil partnership
8 I want to start a family

3 Write a paragraph. Use the language from the excercises above to help you answer the questions below.

- ¿Cómo es tu pareja ideal?
- ¿Quieres casarte en el futuro? ¿Por qué (no)?
- ¿Quieres formar una familia? ¿Por qué (no)?

Mi pareja ideal es una persona <u>divertida</u> y… También…

Quiero casarme en el futuro porque <u>me importa la seguridad</u> / No quiero casarme porque… y…

Quiero formar una familia porque <u>me encantan los niños</u> / No quiero formar una familia porque…

Te toca a ti: Módulo 4

1 Copy the questions and choose the correct word for each gap. Then match each question to the correct answer.

Example: **1** ¿Qué sueles hacer en tu <u>tiempo</u> libre? – e

1 ¿Qué sueles hacer en tu ――― libre?
2 ¿Eres aficionado/a de un ――― de fútbol?
3 ¿Qué deportes haces los fines de ―――?
4 ¿Dónde prefieres ――― las películas?
5 ¿Qué ――― de programas te gusta?
6 ¿Te gusta ――― música?

a Soy un fanático de las series policíacas.
b Prefiero ir al cine porque el ambiente es mejor.
c Sí, siempre veo los partidos del Chelsea.
d ¡Me encanta! Mi cantante favorita es Beyoncé.
e Monto en bici y toco la guitarra.
f Los sábados hago judo y juego al pádel.

ver   escuchar   natación   ~~tiempo~~   tipo   dinero   semana   equipo

2 Write your own answers to questions 1–6 in exercise 1. Try to give extra details.

3 Read the news article and choose the <u>three</u> correct statements.

Los gustos deportivos de los españoles

Según una encuesta reciente, el Real Madrid no es solo el club español que ha ganado más premios, también es el club con más aficionados (37,9% de los encuestados). Una de cada cuatro personas prefiere el Barça.

Deportes más seguidos
– Fútbol. Es el deporte preferido del 48% de los encuestados.
– Tenis. Es el segundo deporte más popular (21,4%), gracias a los éxitos de Rafa Nadal.
– Baloncesto. En el pasado el deporte de Pau Gasol era el segundo de España, pero ahora solo es el tercero (17,1%).

Deportes más practicados
– El ciclismo. Montar en bici es el deporte más practicado (18,6%).
– Carrera a pie. El 17,1% de los españoles sale a correr frecuentemente.
– Natación. Un 16,1% de los españoles son adictos a esta actividad sana.
– Fútbol. Es muy popular ver el fútbol, pero solo un 14,7% practica este deporte.

una encuesta	a survey
solo	only

1 Real Madrid is the most successful Spanish club.
2 Barça has more fans than Real Madrid.
3 Basketball is less popular now than in the past.
4 Running is more popular than cycling.
5 The report says that swimming is an easy activity.
6 Watching football is more popular than playing it.

⭐ To decide whether statement 3 is correct, look for clues in the text such as tenses and time markers (e.g. *en el pasado, ahora*).

ciento noventa y tres **193**

Te toca a ti: Módulo 5

1 Copy and complete the text with the words below. Use the pictures to help you. Then calculate the ASL (average sentence length) by dividing the total word count by the number of sentences.

Mi ciudad **1** ———— se llama La Paz. Está en el noroeste de Bolivia, **2** ———— de montañas y cerca de un **3** ———— enorme. Es una ciudad importante y también muy **4** ————. Está situada a unos tres mil seiscientos metros sobre el nivel del mar. Es famosa por Mi Teleférico, **5** ———— más largo del mundo. Aquí se pueden visitar ruinas de la cultura inca y el **6** ———— nacional Madidi. También se puede hacer una excursión **7** ———— por el lago Titicaca. El clima es muy variado, pero bastante **8** ————, perfecto para estar al aire libre.

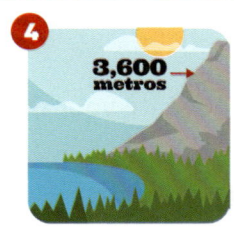

lago	alta	parque	el sistema teleférico
favorita	en barco	rodeada	seco

⭐ Use connectives (*y, pero, también*) to achieve an ASL (Average Sentence Length) longer than 10 words.

2 Research a city you would like to visit. Imagine it's your favourite city and write about it, using the underlined verbs and verb phrases in the text above to help you.

3 Read this magazine interview with Gabriela about her gap year. Write **P** for something that happened in the **past**. Write **N** for something that is happening **now**. Write **F** for something that is going to happen in the **future**.

– ¿Qué tal tu visita a Quito, Gabriela?
– Fenomenal. Me gustó tanto que todavía estoy aquí en Ecuador. Estoy visitando a unos amigos que conocí el año pasado. Estoy muy a gusto aquí con ellos en su casa.
– ¿Qué has hecho en Quito durante tu año sabático?
– Primero tuve un trabajo en un restaurante. Me quedé tres meses en la ciudad y lo pasé muy bien porque vivía en una residencia de estudiantes. Luego viajé unos meses a otras ciudades en Sudamérica. Ahora, ya que no tengo que volver a la universidad hasta septiembre, quiero hacer un poco de turismo. Creo que iré a las islas Galápagos para nadar con tortugas. ¡Será genial!

1 Visiting friends
2 Working
3 Visiting cities
4 Going on holiday

ciento noventa y cuatro

Te toca a ti: Módulo 6

1 Match the photos to the recipe cards (there is <u>one</u> photo too many). Then translate the ingredients in **bold** into English.

1
Ingredientes:
- **dos cebollas**
- cuatro tomates
- **cuatro pimientos verdes**
- un calabacín
- **un pimiento rojo**
- aceite de oliva
- **sal y pimienta**

Preparación: 35 minutos

2
Ingredientes:
- **300 gramos de azúcar**
- medio litro de agua
- **una docena de yemas de huevo**

Para el caramelo:
- **tres cucharadas de agua**
- 100 gramos de azúcar

Preparación: 45 minutos

3
Ingredientes:
- **200 gramos de mantequilla**
- 200 gramos de harina
- **250 gramos de pan rallado**
- 150 gramos de jamón serrano
- **un litro de leche**
- cuatro huevos

Preparación: 30 minutos

el calabacín — courgette

a tocinillo de cielo
b croquetas
c albóndigas en salsa
d pisto manchego

⭐ Use context, common sense and the photos to help you work out the meaning of words like *una yema de huevo*, *una cucharada* and *pan rallado*.

2 Read the text. Complete each sentence with details from the text.

> Mi cumpleaños es el ocho de mayo. El año pasado fui a la bolera con mis amigos y luego hicimos una fiesta en casa por la noche. Recibí muchos regalos, incluso un reloj y una entrada para un festival de música. ¡Qué suerte!
>
> Prefiero comer en un restaurante indio para mi cumpleaños, ya que me encanta la comida picante. A mi padre le gusta también, ¡pero no le gusta pagar la cuenta porque tengo cuatro hermanos!
>
> Este año voy a cumplir dieciséis años y no puedo esperar. Por la mañana voy a ir al centro comercial para comprar unas zapatillas de deporte nuevas. Luego vamos a hacer una barbacoa en el jardín (¡si no llueve, claro!).
>
> **Chema**

1 Last year Chema ———.
2 He received ———.
3 He prefers going ———.
4 His dad doesn't like ———.
5 Chema is going to buy ———.
6 If it doesn't rain ———.

3 Write a text about your birthday. Use exercise 2 as a model.

Say:
- when your birthday is
- how you celebrated last year
- what presents you received
- where you prefer to eat on your birthday

- how old you are going to be this year
- how you are going to celebrate

Mi cumpleaños es…
El año pasado fui / hice, etc.
Recibí…
Prefiero comer en casa / en un restaurante… porque…
Este año voy a cumplir…
Voy a… Luego vamos a…

ciento noventa y cinco **195**

Te toca a ti: Módulo 7

1 Read these four adverts (a–d) from people who are looking for work. Then match each one with the requirements below (1–4).

BuscamosEmpleo.com

a **LIMPIO CASAS**
También plancho ropa y cocino. **He trabajado en muchos lugares diferentes** y soy trabajadora y responsable. **Tengo mi propio coche.**

b **DOMINO EL INGLÉS**
Busco trabajo como secretaria. He trabajado en Inglaterra y **tengo diez años de experiencia**. Soy seria, puntual y amable.

c **CLASES INDIVIDUALES**
Doy clases de francés e inglés a niños y adultos. **He terminado mis estudios** en la universidad y soy profesional y paciente. **Tengo carné de conducir.**

d **BUSCO TRABAJO**
Tengo experiencia en pintura, decoración y carpintería. **He hecho un curso de** formación profesional en Construcción y **soy práctico y honesto**.

1 Quiero renovar la cocina y construir una nueva terraza.
2 Tengo exámenes este año y los idiomas son muy difíciles.
3 Busco chico/a para hacer tareas domésticas y preparar comidas.
4 Empresa busca administrativo/a con buenas habilidades lingüísticas.

> ⭐ Read each text carefully and beware of distractors! For example, the first advert says *cocino* and question 1 says *la cocina*, but are they talking about the same thing?

2 Read the adverts again. Translate the phrases in **bold** into English.

3 Write adverts for these people who are looking for work. Use phrases from exercise 1 to help you.
Example: **Alba** – Busco trabajo como camarera. Tengo tres años de…

Alba
- 3 years' experience
- has worked in 2 restaurants
- sociable, honest, patient
- has driving licence

Iván
- 5 years' experience
- has worked in sports centre
- punctual, practical, hardworking
- has own car

4 Read the text. For each job 1–4 note down in English:
  a which job it is   b why it is stressful

Los trabajos más estresantes
Éstos son cuatro de los trabajos más estresantes hoy en día, según los expertos.
1 **Bombero**. Tiene que estar alerta muchas horas del día esperando una situación de emergencia. También es uno de los trabajos más peligrosos.
2 **Piloto**. Aunque el avión es el medio de transporte más seguro, un error humano a 30,000 pies de altura puede tener consecuencias catastróficas.
3 **Taxista**. Tiene que aguantar el tráfico horrendo de las grandes ciudades. Además, pasar muchas horas conduciendo un coche puede causar dolor de espalda.
4 **Periodista**. Tiene que estar disponible las 24 horas del día. También tiene que hacer reportajes sobre situaciones traumáticas como desastres naturales, accidentes y guerras.

peligroso/a	dangerous
seguro/a	safe / secure
aguantar	to bear / put up with

Te toca a ti: Módulo 8

1 Write out these resolutions, ranking them in order of importance to you.

Año nuevo, vida nueva

Lista de propósitos
1. hacer ejercicio
2. gastar menos
3. conseguir empleo
4. ser mejor persona
5. encontrar a mi pareja ideal
6. viajar
7. dejar de fumar
8. comer más sano
9. pasar más tiempo con la familia
10. aprender un idioma extranjero

2 Read the texts. Choose the three most appropriate resolutions from exercise 1 for each person.

Soy bastante solitaria porque vivo sola. Por la noche paso mucho tiempo comprando cosas por Internet, y por eso tengo muy poco dinero. Además, gasto bastante en fumar. **Abril**

El año pasado me rompí la pierna y todavía soy poco activo, aunque quiero estar en forma. Además, me interesa conocer otras culturas y siempre me ha gustado aprender cosas nuevas. **Elías**

Sé que soy adicta al trabajo. No tengo tiempo para cocinar, así que como demasiada comida basura. Tampoco reciclo. Nunca llamo a mi madre, y soy demasiado impaciente con mis hijos. **Micaela**

3 Read the text and translate the verbs in **bold** into English.

Cómo ser un ciudadano del mundo

El ciudadano del mundo…

- **valora** la diversidad.
- **habla** otros idiomas.
- **viaja** para conocer otras culturas.
- **contribuye** a la comunidad, desde lo local a lo global.
- **cuida** el medio ambiente.
- **combate** los estereotipos.
- **aprende** sobre otros países.
- **apoya** la justicia social.
- **es** una persona activa e independiente.

4 Write a declaration about being a world citizen, using verbs from excercise 3 in the infinitive. You can change the order of the statements.

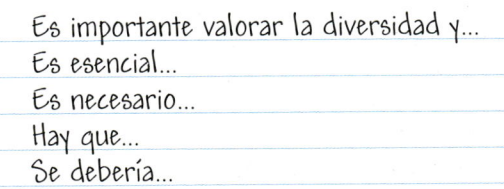

Es importante valorar la diversidad y…
Es esencial…
Es necesario…
Hay que…
Se debería…

Zona Cultura

'Mucha gente pequeña, en lugares pequeños, haciendo cosas pequeñas, puede cambiar el mundo.' Eduardo Galeano (1940–2015), periodista y escritor uruguayo.

Do you agree with this statement? Can you think of any examples?

ciento noventa y siete **197**

Gramática Hay que saber bien
The present tense – regular verbs

What is the present tense?
The present tense is used to talk about:
- What usually happens   *Normalmente **como** fruta.*   I normally **eat** fruit.
- What things are like   *Mi insti **es** grande.*   My school **is** big.
- What is happening now   ***Vivimos** en Leeds.*   We **live** in Leeds.

How does it work?
To form the present tense of regular verbs you replace the infinitive ending (*–ar*, *–er* or *–ir*) with the present tense endings like this:

	escuchar (to listen)	**comer** (to eat)	**vivir** (to live)
(yo)	escucho	como	vivo
(tú)	escuchas	comes	vives
(él/ella/usted)	escucha	come	vive
(nosotros/as)	escuchamos	comemos	vivimos
(vosotros/as)	escucháis	coméis	vivís
(ellos/ellas/ustedes)	escuchan	comen	viven

You do not need to include *yo* (I) or *tú* (you), etc. before the verb unless you need to add extra emphasis.

Stem-changing verbs
Stem-changing verbs are formed like regular present tense verbs. However, they have a vowel change in the stem in the 'I', 'you' (singular), 'he/she/it/you (polite singular)' and 'they/you (polite plural)' forms. Their endings are usually regular.
There are three main groups.

	o → ue poder (to be able/can)	e → ie querer (to want)	e → i servir (to serve)
(yo)	puedo	quiero	sirvo
(tú)	puedes	quieres	sirves
(él/ella/usted)	puede	quiere	sirve
(nosotros/as)	podemos	queremos	servimos
(vosotros/as)	podéis	queréis	servís
(ellos/ellas/ustedes)	pueden	quieren	sirven

Other stem-changing verbs include:

o → ue			
dormir	→	duermo	I sleep
volver	→	vuelvo	I return
acostarse	→	me acuesto	I go to bed
llover	→	llueve	it rains

e → ie			
despertarse	→	me despierto	I wake up
empezar	→	empiezo	I start
preferir	→	prefiero	I prefer
nevar	→	nieva	it snows

e → i			
pedir	→	pido	I ask for
vestirse	→	me visto	I get dressed

The verb *jugar* is the only stem-changing verb with the change **u → ue**:
juego (I play), *juegas* (you play), etc.

Gramática

Preparados

1 Complete the sentences with the correct form of the present tense. Then translate the sentences into English.

1 En verano **tomamos / toma / tomo** el sol en la playa. *(yo)*
2 Mi padre **vivís / vive / vivo** en el norte de Inglaterra. *(él)*
3 Mis amigos y yo **nadamos / nadan / nadas** en el mar. *(nosotros)*
4 Mi madre **leo / lees / lee** muchas revistas. *(ella)*
5 ¿**Tocas / Tocáis / Toco** la guitarra? *(tú)*
6 Mis hermanos **come / como / comen** muchos helados. *(ellos)*
7 ¿Cuándo **escucha / escucháis / escuchan** música? *(vosotros)*
8 Irene y Ana **montan / montáis / monto** a caballo los sábados. *(ellas)*

Listos

2 Choose the correct verb from the box to complete each sentence. Then translate the sentences into English.

| montamos | leen | bailan | vivís | estudias | navega | comemos | escucho |

1 Todos los días ▇ por Internet.
2 Normalmente ▇ pizza.
3 ¿Cuándo ▇ matemáticas?
4 A veces ▇ en bici.
5 Siempre ▇ en la discoteca.
6 Una vez a la semana ▇ la radio.
7 ¿Dónde ▇ ?
8 Nunca ▇ novelas.

3 Translate these stem-changing verbs into Spanish. Remember, the stem-change doesn't affect all parts of the verb.

Example: **1** *empiezan*

1 they start *(empezar)*
2 she sleeps *(dormir)*
3 we prefer *(preferir)*
4 I return *(volver)*
5 you (singular) ask for *(pedir)*
6 they can / are able *(poder)*
7 you (plural) play *(jugar)*
8 it snows *(nevar)*

¡Ya!

4 Copy and complete the text by changing the verbs in brackets into the correct form. Watch out for stem-changing verbs!

En el insti **1** *(estudiar – nosotros)* muchas asignaturas. Mi amigo Adrián **2** *(preferir – él)* el inglés pero yo **3** *(odiar – yo)* los idiomas. No **4** *(poder – yo)* aprender en clase porque los otros alumnos **5** *(hablar – ellos)* mucho y no **6** *(escuchar – ellos)* al profe. En el recreo normalmente **7** *(jugar – nosotros)* al fútbol pero cuando **8** *(llover – él)*, no.

ciento noventa y nueve **199**

Gramática Hay que saber bien

The present tense – irregular verbs

What are irregular verbs?
Irregular verbs do not follow the normal patterns of regular –ar, –er and –ir verbs. Many of the most common and most useful verbs in Spanish are irregular.

How do they work?
You must learn irregular verbs by heart.

Some verbs are only irregular in the 'I' form. For example:

dar	→ doy	I give
hacer	→ hago	I do / make
poner	→ pongo	I put
salir	→ salgo	I go out / leave
ver	→ veo	I watch / see

Other verbs are more irregular.

	ser (to be)	estar (to be)	tener (to have)	ir (to go)
(yo)	soy	estoy	tengo	voy
(tú)	eres	estás	tienes	vas
(él/ella/usted)	es	está	tiene	va
(nosotros/as)	somos	estamos	tenemos	vamos
(vosotros/as)	sois	estáis	tenéis	vais
(ellos/ellas/ustedes)	son	están	tienen	van

Ser and *estar* both mean 'to be'. See page 57 for a reminder of when to use each one.
Look at the verb tables on page 222–224 for more irregular present tense verbs.

Preparados

1 Complete these sentences with the *yo* (I) form of the verb.

1 Nunca ▓▓ deportes acuáticos. (*hacer*)
2 Normalmente ▓▓ a las ocho. (*salir*)
3 Siempre ▓▓ la tele por la tarde. (*ver*)
4 ▓▓ clases de natación. (*dar*)
5 Me llamo Isa y ▓▓ mexicana. (*ser*)
6 ▓▓ ocho semanas de vacaciones. (*tener*)

Listos

2 Write down the ten irregular verbs in this text. Then translate them into English.

Soy profesora de idiomas y doy clases de francés y alemán. Mi insti está en Torremolinos, en el sur de España. Normalmente salgo de casa a las siete, pero en verano, no. Todos los días me pongo las gafas de sol y voy a la playa. Es muy relajante. A veces hago vela también. Por la noche veo películas en casa, y a veces mis amigos y yo vamos al cine.

¡Ya!

3 Complete these sentences with the correct form of the verb. Then translate the sentences into English.

1 Los alumnos ▓▓ que llevar uniforme. (*tener*)
2 Luis y yo ▓▓ adictos a los videojuegos. (*ser*)
3 ¿Y tú? ¿Cómo ▓▓ al insti? (*ir*)
4 Las tiendas ▓▓ en el centro. (*estar*)
5 Mi insti ▓▓ una piscina grande. (*tener*)
6 Yo nunca ▓▓ al centro comercial. (*ir*)

doscientos

The present tense – reflexive verbs

What are reflexive verbs?
Reflexive verbs often describe actions that we do to ourselves. They are verbs that include a reflexive pronoun (e.g. *me, te*), and are useful when talking about your daily routine and relationships with others.

How do they work?
Reflexive verbs are formed in the same way as regular present tense verbs but they include a reflexive pronoun. In the infinitive the pronoun is shown at the end of the verb (e.g. *levantarse*). In the present tense the pronoun comes before the verb and changes according to the person (***me** levant**o***).

	ducharse (to shower)	**llevarse** con (to get on with)
(yo)	**me** ducho	**me** llevo
(tú)	**te** duchas	**te** llevas
(él/ella/usted)	**se** ducha	**se** lleva
(nosotros/as)	**nos** duchamos	**nos** llevamos
(vosotros/as)	**os** ducháis	**os** lleváis
(ellos/ellas/ustedes)	**se** duchan	**se** llevan

Some common reflexive verbs are also stem-changing:
despertar**se** → **me** desp**ie**rto — I wake up
vestir**se** → **me** v**i**sto — I get dressed
divertir**se** → **me** div**ie**rto — I enjoy myself
acostar**se** → **me** ac**ue**sto — I go to bed

Preparados

1 Complete these sentences with the correct reflexive pronoun. Then translate the sentences into English.

1 ¿___ llevas bien con tus padres? *(tú)*
2 Mi hermana y yo ___ peleamos mucho. *(nosotros)*
3 Elena ___ lleva mal con su hermano. *(ella)*
4 Siempre ___ divertimos en la playa. *(nosotros)*
5 Mis padres nunca ___ pelean. *(ellos)*

Listos

2 Choose the correct reflexive pronoun or verb form to complete each sentence. Then translate the sentences into English.

1 Siempre nos **despierto / despertamos** temprano.
2 Mis padres **se / os** acuestan muy tarde.
3 Pablo se **afeita / afeitan** una vez a la semana.
4 ¿Dónde **nos / te** vistes?
5 Luego me **laváis / lavo** los dientes.
6 ¿A qué hora **os / te** levantáis?

¡Ya!

3 Imagine you are the boy in the pictures. Write sentences comparing your daily routine with your brother's routine.

Example: **1 Me** despiert**o** a las siete, pero mi hermano **se** despiert**a** a las ocho y cuarto.

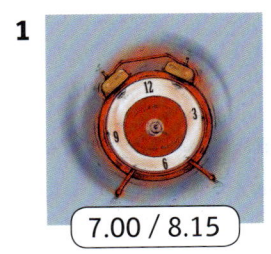

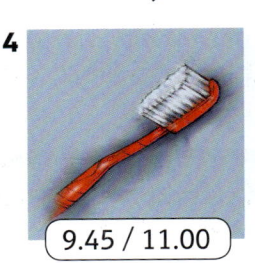

1 — 7.00 / 8.15
2 — 7.10 / 8.20
3 — 7.30 / 8.45
4 — 9.45 / 11.00
5 — 10.00 / 11.30

Gramática Hay que saber bien
The preterite tense

What is the preterite tense?
The preterite tense is used to talk about completed actions in the past.

Fui a la playa.   **I went** to the beach.
Viajó en coche.   **He travelled** by car.

How does it work?

Regular preterite verbs
To form the preterite tense, take the infinitive, remove the –ar, –er or –ir, and then add the following endings. Note that –er and –ir verbs take the same endings in the preterite.

	visit**ar** (to visit)	com**er** (to eat)	sal**ir** (to go out)
(yo)	visit**é**	com**í**	sal**í**
(tú)	visit**aste**	com**iste**	sal**iste**
(él/ella/usted)	visit**ó**	com**ió**	sal**ió**
(nosotros/as)	visit**amos**	com**imos**	sal**imos**
(vosotros/as)	visit**asteis**	com**isteis**	sal**isteis**
(ellos/ellas/ustedes)	visit**aron**	com**ieron**	sal**ieron**

- Take care to use accents correctly as they can change the meaning of a verb.
  escucho (I listen) but *escuchó* (he listened)

Irregular preterite verbs
- The most common irregular verbs in the preterite tense are:

	ser/ir (to be/to go)	ver (to see)	hacer (to do/to make)	tener (to have)
(yo)	fui	vi	hice	tuve
(tú)	fuiste	viste	hiciste	tuviste
(él/ella/usted)	fue	vio	hizo	tuvo
(nosotros/as)	fuimos	vimos	hicimos	tuvimos
(vosotros/as)	fuisteis	visteis	hicisteis	tuvisteis
(ellos/ellas/ustedes)	fueron	vieron	hicieron	tuvieron

- Note that **ser** and **ir** are identical in the preterite tense.
- Irregular verbs don't take accents in the preterite.

Look at the verb tables on page 222–224 for more irregular preterite tense verbs.

- Some preterite verbs have **irregular spellings** just in the first person singular (*yo*).

sacar → sa**qué**   I got/took
tocar → to**qué**   I played (an instrument)
jugar → ju**gué**   I played (a sport)
llegar → lle**gué**   I arrived

Gramática

Preparados

1 Complete the sentence with the correct 'I' (yo) form of the verb in brackets. Then translate the sentences into English.

1. El año pasado ▭ a hacer windsurf. *(aprender)*
2. Hace dos años ▭ Nueva York. *(visitar)*
3. En septiembre ▭ en un maratón. *(participar)*
4. El verano pasado ▭ un móvil nuevo. *(comprar)*
5. Ayer ▭ un accidente con mi bici. *(tener)*
6. El lunes ▭ el saxofón en un concierto. *(tocar)*
7. La semana pasada ▭ una buena película. *(ver)*
8. ▭ mis deberes y luego ▭ con mis amigos. *(hacer, salir)*

Listos

2 Find the <u>eight</u> preterite tense verbs from the box below. Then translate them into English.

fuimos	es	tuvisteis
bebió	viajé	tocas
hace	viven	comimos
hablo	vomitan	llegué
visitamos	habló	juego

> ⭐ In the 'we' form, –ar and –ir verbs are the same in the present tense and preterite tense, so some of these verbs have two meanings!
>
> cant**amos**   we sing / we sang
> escrib**imos** we write / we wrote

¡Ya!

3 Copy and complete the text by choosing an appropriate verb from the box and changing it into the correct form in the preterite tense.

Example: **1** *fuimos*

| sacar | hacer | ~~ir~~ | perder | ver | comprar | jugar |

El verano pasado **1** ▭ *(nosotros)* de vacaciones a Italia. **2** ▭ *(nosotros)* muchas actividades diferentes. Por ejemplo, mi hermano **3** ▭ *(él)* al voleibol en la playa y mis padres **4** ▭ *(ellos)* recuerdos en el centro comercial. También **5** ▭ *(nosotros)* muchos monumentos interesantes, pero no **6** ▭ *(yo)* muchas fotos porque **7** ▭ *(yo)* mi cámara nueva. ¡Qué desastre!

4 Translate the sentences into Spanish.

1. My dad hired a car. *(alquilar)*
2. We ate in the restaurant. *(comer)*
3. They sunbathed every day. *(tomar el sol)*
4. He took lots of photos. *(sacar)*
5. You (singular) went to the gym. *(ir)*
6. I played football on the beach. *(jugar)*

doscientos tres 203

Gramática Hay que saber bien
Talking about the future

The near future tense

What is the near future tense?
The near future is used to describe 'what is going to happen' (for example, tonight, tomorrow, next week, etc.). It is the most common tense in Spanish for describing future plans.

Voy a comprar un coche.　　**I am going to buy** a car.
Vamos a ir de excursión.　　**We are going to go** on a trip.

How does it work?
To form the near future, you need:
ir (in the present tense) + *a* + **infinitive**

(yo)	voy		comer
(tú)	vas		jugar
(él/ella/usted)	va	a	tener
(nosotros/as)	vamos		salir
(vosotros/as)	vais		comprar
(ellos/ellas/ustedes)	van		hacer

Remember to include the preposition *a* when using the near future tense.

Other ways to refer to the future
There are also a number of other ways to talk about the future. These include:

- *Quiero* + **infinitive**
  This is used to say what you **want** to do.
  Quiero estudiar alemán.　　**I want to study** German.

- *Me gustaría* + **infinitive**
  You can use this to say what you **would like** to do.
  Me gustaría ir a la piscina.　　**I would like to go** to the swimming pool.

- The future tense
  The future tense is used to say what you **will** do. See page 218.

> ⭐ **Time phrases** which refer to the future include:
>
> | | |
> |---|---|
> | *mañana* | tomorrow |
> | *pasado mañana* | the day after tomorrow |
> | *esta noche* | tonight |
> | *este fin de semana* | this weekend |
> | *el próximo trimestre* | next term |
> | *el año que viene* | next year |
> | *en el futuro* | in the future |

Gramática

Preparados

1 Unjumble the sentences and then translate them into English.

1. parque a Voy ir al
2. ser genial! a ¡Va
3. va Miguel piano tocar a el
4. chocolate profes van comprar Los a
5. viajar? a vas ¿Cómo
6. vamos noche a Esta cantar
7. voy estudiar No a geografía
8. a Internet navegar por Vamos

Listos

2 Match up the sentence halves and write them out in full. Then translate the sentences into English.

1. Mi hermano…
2. Mi madre y yo…
3. Mañana no voy…
4. Vamos a…
5. ¿A qué hora…
6. Voy a ir…

a. vas a volver?
b. va a participar en un intercambio.
c. a hacer turismo.
d. vamos a ir al cine esta noche.
e. al club de fotografía.
f. llegar a las cinco y media.

> Pay attention to the person of the verb and check that each sentence contains part of *ir* (*voy, vas, va, vamos, vais, van*) + *a* + **infinitive**.

3 Read this blog about Alberto's plans for the weekend. In English, make a list of what he is going to do, what he wants to do and what he would like to do.

is going to	wants to	would like to
go to the town centre		

Este fin de semana voy a ir al centro de la ciudad porque quiero comprar unos vaqueros. Luego, si hace buen tiempo, voy a montar a caballo, pero si llueve voy a jugar a los videojuegos en casa. Por la noche me gustaría ir al cine, ya que quiero ver la nueva película de James Bond. El domingo por la mañana me gustaría ir al gimnasio, y luego quiero descansar en casa. También me gustaría ver un partido de fútbol en la tele.

¡Ya!

4 Copy and complete each sentence using the near future tense. Take care to choose the correct part of the verb *ir*.

1. Nosotros _____ _____ _____ música. *(to listen)*
2. Ricardo _____ _____ _____ a clase en mi insti. *(to attend)*
3. Yo _____ _____ _____ España el año que viene. *(to visit)*
4. Los alumnos _____ _____ _____ en el coro. *(to sing)*
5. ¡El concierto _____ _____ _____ flipante! *(to be)*
6. ¿Qué _____ _____ _____ con tu amigo español? *(to do)*

doscientos cinco **205**

Gramática Hay que saber bien
The present continuous tense

What is the present continuous tense?
The present continuous is used to say what you are doing at the moment. It is made up of two parts: the present tense of *estar* and the **present participle**.
  ¿Qué **estás haciendo**?   What **are you doing**?
  Estoy jugando al fútbol.   **I am playing** football.

How does it work?
Take the present tense of *estar* and add the **present participle** (the '–ing' form). To form the **present participle**, take the infinitive of the verb, remove the *–ar*, *–er* or *–ir* and add the endings: *–ando*, *–iendo*, *–iendo*.

(yo)	estoy		
(tú)	estás		**hablando** (hablar)
(él/ella/usted)	está	+	**comiendo** (comer)
(nosotros/as)	estamos		**saliendo** (salir)
(vosotros/as)	estáis		
(ellos/ellas/ustedes)	están		

Estamos viendo la tele.   We are watching TV.

- Stem changing *–ir* verbs change their spelling for the present participle:
  d**o**rmir   to sleep → d**u**rmiendo   sleeping

- **Irregular present participles** include:
  leer   to read → le**y**endo   reading

Preparados

1 Write each of these verbs in the present continuous by changing the verb in brackets into the present participle. Then translate the whole thing into English.

  1 Estoy *(beber)*   **3** Están *(comer)*   **5** Estamos *(bailar)*
  2 Estáis *(jugar)*   **4** Estás *(escribir)*   **6** Está *(dormir)*

Listos

2 Complete the sentences by choosing a verb from the box and changing it into the present continuous.

  Example: **1** *Juan está navegando por Internet.*

  ver   sacar   ~~navegar~~   leer   descargar   vivir

  1 Juan _____ _____ por Internet.
  2 Yo _____ _____ una novela de ciencia ficción.
  3 ¿Qué película _____ _____, Paco?
  4 Mis hermanos _____ _____ fotos.
  5 ¿Y vosotros? ¿Dónde _____ _____ ahora?
  6 Mónica _____ _____ canciones.

¡Ya!

3 Translate the sentences into Spanish using the verbs in brackets to help you.

  1 My gran is sunbathing on the beach. *(tomar)*
  2 I am buying clothes in the shopping centre. *(comprar)*
  3 My uncle is watching a film at the cinema. *(ver)*
  4 My sister is running in the park. *(correr)*
  5 My parents are swimming in the sea. *(nadar)*
  6 My cousin is reading in the library. *(leer)*